身為*Amoy*
在臺印尼客家婚姻移民女性之生命敘事

蔡芬芳◎著

中大出版中心　遠流
National Central University Press

《台灣客家研究叢書》
總序

　　在台灣這塊多元文化的土壤上，客家族群以其獨特的文化與歷史，對台灣的社會發展產生了深遠的影響。客家人在台灣社會發展的各個階段都表現出積極參與、熱心社會事務的精神，在推動民主化過程中發揮了關鍵作用，與其他族群共同建立台灣民主制度的基石。客家人對於本土文化的承傳與復興同樣不遺餘力，不僅保護和傳承了自己豐富的文化遺產，也積極參與到台灣文化的多元發展之中。因此，客家文化已成為台灣文化的重要組成部分，為台灣社會的多元性與包容性貢獻了重要的力量。

　　從學術的角度，客家文化與歷史及其在台灣社會的多元性與發展過程的意義之研究，在客家研究體制化之前，一直未能從客家族群的視角來處理。這一領域的研究涵蓋了廣泛的田野調查、問卷研究、歷史文獻分析等，涉及經濟、文化、產業、語言、政治等多個層面，也牽涉到客家與周邊族群、客家研究的方法論，甚至知識論的範圍。客家研究不僅揭示了一個族群的歷史軌跡和文化特色，更從社會學、歷史學和文化研究的角度，提供了對台灣社會結構和文化動態的深刻理解。此外，通過對客家族群的批判性研究，我們能夠探討族群歷史詮釋的時代意義，並從中發掘族群多元價值對台灣社會發展的深層影響。

　　《台灣客家研究叢書》自發行以來，一直致力於提供高質量

的學術平台，向學術界開放徵求書稿。經過嚴格的審稿過程和專業的編輯工作，確保了每一本出版物的學術水準與創新性。這些努力使《台灣客家研究叢書》在學術界獲得了廣泛的認可，甚至成爲學者們在學術升遷過程中的最爲專業的學術出版機構。我們的目標不僅是出版優秀的學術作品，同時也致力於推動客家研究領域的進一步發展，爲台灣乃至全球的學術交流做出貢獻。

這一系列已經出版了許多具有重要學術價值的論著，並持續吸引著來自各個學術領域的學者投稿。展望未來，我們正在積極、持續徵求更多優秀的學術作品。我們鼓勵來自不同學術背景的專家學者參與投稿，尤其是那些能夠提供新視角、新方法論，以及與台灣客家研究相關的學術專著。我們期待著每一位學者的珍貴貢獻，共同推動客家研究領域的發展，完成叢書的學術價值及出版質量。前述理想之所以能夠實現，要衷心感謝國立中央大學的遠見及對《台灣客家研究叢書》的支持與推動，在此向中央大學致上深深的感謝。

張維安

國立陽明交通大學榮譽教授

國立中央大學客家學院前院長

112.12.1

目錄

自序

如果可能，我今天也是印尼客家人……

隨著年紀漸長，逐漸想要回溯自己的生命歷程。由於個人的存在無法脫離與父母或其他家人的關係，認識家人也有助於認識自己，再加上有感先父年歲已大，因此在先父（1934-2021）年屆八旬之際，我開始思考，「父親」這個標籤是否限縮了我對他的認識，而應該將父親當成是一個「個人」來了解他。父親出生於廣東梅縣，家中非常貧窮，祖父及家族親戚為了討生活也曾到過印尼，只是當時父親年幼，無法確切得知祖父究竟到達印尼何處。父親只記得，祖父從印尼回家之後，因吸鴉片之故，臥床咳嗽，當時還是個孩子的父親必須幫祖父倒掉痰盂中的痰，父親常覺得這就是他自己肺部病變的根源。因為當時家鄉窮困，祖父在外，需照顧婆婆以及獨立扶養一對兒女的祖母，僅能靠兜售煤炭球維生。即便後來祖父回鄉，因病無法養家並早逝，祖母只好讓年僅十三歲（1947）的父親跟隨國民黨軍隊（操廣東話的部隊），因為至少在軍隊中可以粗飽。1950年從海南島抵達高雄，之後隨著軍隊腳步住遍臺灣各地，最後在臺北落腳生根，直到2021年離世。

除了祖父在20世紀上半葉曾到印尼之外，家族與印尼的情緣則是隨著遠房親戚與來自印尼的客家女性結婚延續。當時因為筆者還是高中生的年紀，對於跨國通婚並未具有任何的敏感度，

而之後親戚過世，再也無任何訊息，但當自己要開始進行相關研究時，才發覺原來家族中也曾經因為親戚結婚而與印尼客家女性有著那麼一絲絲的關聯。

　　或許是因為生命的偶然性，在書寫之際，突然出現了個念頭，「如果可能，我說不定就是印尼客家人呢！」也正因如此，在聽錄音檔與閱讀訪談逐字稿時，不只用感官「聽」與「看」，更透過婚姻移民在述說自身經驗時的聲音感受生命的力道，本書因此得以完成。在此須向本書所有的研究參與者致上最誠摯的謝意，透過你們的觀點、經驗與感受，讓我有幸進入你們生活世界中的一隅。

蔡芬芳

2023年夏於中央大學客家學院

第一章　臺灣客家跨國通婚與婚姻移民

　　現任山口洋市長蔡翠媚（Tjhai Chui Mie）在接受學者Kurniawati Hastuti Dewi（2019：69）訪問時，讚揚西加里曼丹（West Kalimantan）跨國通婚的Amoy是「家庭英雄」（pahlawan keluarga），因為她們為了讓家庭過更好的生活，與陌生男性結婚。來自印尼的客家女性婚姻移民，是本書的主角，在家鄉，她們被稱為Amoy（發音為阿妹，亦可書寫為Ah Moi或Amoi），意為女孩，不論是客家話或是泉漳、潮州話，皆如此稱之。蔡翠媚的說法是一般人對婚姻移民女性的印象，本書的部分研究參與者確實是為了改善家計，遠渡重洋到臺灣，然而尚有其他的原因，況且在通婚中，每個人的經歷不盡相同，本書將透過與臺灣男性結婚的印尼客家女性婚姻移民，理解Amoy的生命樣貌。

　　通婚是社會接觸的表現，亦可從中了解社會距離態度，我們得以因此觀察族群關係。1950年代到1960年代美國社會學家從同化的角度探究跨族通婚，如Milton Gordon（1964）提出通婚是族群之間同化階段之一[1]，因為通婚屬於親密初級關係，族群之間若能締結婚姻，同化亦隨之在其他層面發生。通婚標示著種

1　其他階段與利益、行為、態度、自我認定、初級關係與文化有關（Gordon, 1964）。

族或族群之間社會障礙最終被跨越（Bogardus, 1959; Gordon, 1964; Park, 1950），以Bogardus（1959）的社會距離量表觀之，願意與異族通婚意味著雙方之間無社會距離。因此，通婚可說是社會整合的核心（Gordon 1964, Carol 2016）。前述觀點有助於我們了解族群通婚與族群關係，然而需要注意的是當時的脈絡是距今六十至七十年的美國社會，那麼對於今日臺灣社會而言，通婚對於我們了解臺灣的族群關係意義何在。

　　族群關係除了是一個群體與其他族群群體之間的互動關係之外，亦可以是與一個較大範疇群體內之次群體的互動，即所謂族內關係（蕭新煌、張翰璧，2022：15-16）。由於臺灣客家與印尼客家的通婚因為雙方皆為客家人而被視為「跨國而不跨種族」的通婚（張翰璧，2007），就此可將之認定為跨越國界的族內關係。然而，我們需要考慮到縱使皆名為客家，實質上卻有差異，因為臺印客家雙方形成的歷史、政治、社會與經濟脈絡不同，再加上對於客家身分的認知彼此有別，因此筆者認為我們應該進一步思考，是否應該將印尼客家人視為另一個群體？此外，又該如何定位來自印尼具有臺灣「新住民」稱號的客家女性？雖然臺灣的四大族群論述後來隨著來自中國與東南亞國家的婚姻移民人數增多之後，開始將她們稱為「第五大族群」，然而，夏曉鵑（2018）提醒我們，「新住民」包含不同國籍，即便是同一國籍，亦有內部的種族、宗教等差異。在了解了臺灣客家跨國通婚的基本性質是透過婚姻串起的跨越國界之族內關係，但又需要注意的是雙方客家因歷史、政治、社會、文化以及與周遭人群關係

而有差異，在此前提之下，我們究竟該如何理解臺印跨國通婚以及婚姻移民，則從本書研究目的與問題意識開始。

一、研究目的與問題意識

王甫昌在其〈台灣族群通婚與族群關係再探〉（2001）中指出，「『族群通婚』作為族群關係當中的一個社會指標，在臺灣的狀況下，必須注意到它在不同族群關係的情境中，所扮演的功能或角色並不相同，很難一概而論的在所有族群之間，或所有的時期中，確定它的指標性質。」（王甫昌，2001：428）因此，對於從族群人數與社會位置來說處在一個「共同不利社會位置」的臺灣客家人來說（王甫昌，2018），通婚之於臺灣客家族群，對於客家社會、文化與認同產生何種影響？更進一步思考，當其涉及的是同樣皆為客家人但為跨國通婚時，臺灣社會與臺灣客家社會又會發生何種變化？更甚者，臺灣客家人與通婚對象如何互相影響則有助於我們觀察到族群關係、族群認同與文化實踐的動態樣貌。由於通婚基本上涉及宗教、種族以及族群文化的不同（Gordon，1964），故本書在筆者長久以來的研究關懷與科技部（2022 年改制為國家科學及技術委員會）研究計畫[2] 的基礎上，透過從身為 Amoy 到成為婚姻移民的過程中，以性別、族群

2　參閱本章「四、研究資料來源」中的說明。

與宗教之交織作爲理解婚姻移民的生命經驗之架構，探究臺灣客家族群與印尼客家的跨國通婚，一方面勾勒雙方通婚過程中的文化適應過程與文化實踐樣貌，另一方面則透過通婚中涉及的彼此互異之宗教信仰作爲重新思考「文化親近性」的意涵。

雖然本書所處理的主題是臺印跨國通婚，然而筆者認爲應先從臺灣整體狀況切入，以能了解臺灣客家族群的通婚情形。就臺灣各族群通婚率來說，閩南族群內婚比例最高，族群通婚率最低，佔15.7%；其次爲原住民22.1%；本省客家人51.9%；外省人57.4%（王甫昌，2001：400）。不論是外省人或客家人大多以閩南人爲通婚對象（彭尉榕，2006），但是客家人與外省人則較少通婚（巫麗雪、蔡瑞明，2006）。臺灣各族群最爲偏好與閩南人通婚，依序爲外省人、客家人、原住民，由此可觀察到社會距離態度（章英華、尹慶春，2004：124-125）。上述通婚率、通婚傾向與社會距離態度說明在多族群社會中群體之間的關係：臺灣人數最多的是閩南族群，因此內婚比例極高。客家人與外省人因與閩南人同屬漢人，則可說是因文化相近而多選擇與閩南人通婚。人數最少的原住民，因爲在文化層面與漢人差異較大，再加上其屬於弱勢的社會位置，故較少與他族通婚。以客家人爲例，其與原住民的通婚率爲0.4%，但是與外籍配偶通婚的比例0.9%，比原住民通婚多出0.5%（黃河、陳信木，2002，轉引自彭尉榕，2006：34）。這是因爲「文化親近性」，導致臺灣客家人多與來自印尼的客家女性締結婚姻（夏曉鵑，2002；張翰璧，2007；蔡芬芳，2017）。由此得之，文化相似性或熟悉度影響通

婚對象的選擇（尹慶春、章英華，2006）。

　　通婚涉及到文化層面和結構要素。文化層面指的是與其他群體成員的互動以及通婚時所依據的規範、價值觀和偏好之文化，以此決定是否通婚。結構要素則是影響人們內婚或外婚的條件，例如鄰近群體和我群在人口規模上的比例（Kalmijn and van Tubergen, 2010）。雖然區分為文化與結構要素，但兩者同時影響通婚決定。在種族或族群多元社會中，「誰與誰結婚？」或是「誰可以和誰結婚？」與社會中的群體互動有關，影響婚配的關鍵因素在於「種族」（或是族群）[3]與「宗教」（Murstein, 1986：47）。另外一個影響通婚的文化層面是語言（Kalmijn and van Tubergen, 2010：462、Hwang et al., 1997）。

　　是否會進行通婚的文化層面為上述所言之規範、價值與偏好，然而通婚之後，文化依舊在通婚雙方及其與姻親之關係中發生作用，因為通婚後所組成的家庭或是當新嫁娘進入的婆家家庭成為通婚雙方文化互動與進行文化實作的場域。對於本書研究對象——與臺灣客家男性通婚的印尼客家女性來說，婚後的文化實作，包括飲食烹煮、宗教祭祀與語言使用。她們帶著根植於自身原來的社會脈絡、族群文化及家庭實作的記憶，在與夫家所在之在地社會、族群文化與家庭實作相遇或碰撞之下，身為行動者的女性，以其可茲利用與掌握的資源，採取策略進行協商或是對

3　由筆者加上。

抗，賦予自己的行為生活意義，在此過程中進行文化再生產，其認同因此產生（張翰璧，2007）。從文化再生產的過程中得以了解通婚雙方及其姻親如何在文化層面上進行協商進而影響實踐內容。在文化再生產過程中，通婚雙方的族群文化與家庭文化究竟受到多少的影響，則有助於我們對於臺印客家跨國通婚的理解。

　　族群通婚或是跨國通婚除了上述的結構與文化因素之外，尚與婚姻坡度之「上嫁」（hypergamy）「下嫁」（hypogamy）有關，通常在傳統婚姻類型中女性「上嫁」，選擇社經地位較高的男性，且在「上嫁」的同時亦從夫居。除了社經地位之外，在多族群社會中，族群位階在檢視通婚時亦具有其意義。至於涉及跨國通婚的臺灣印尼客家通婚的產生則與國際政治經濟階序有關[4]，雖然皆為客家人，然由於咸認臺灣在全球政經階序上高於印尼，因之認為印尼客家女性「上嫁」臺灣客家男性。

　　然而筆者在研究過程之中，發現「上嫁」的概念需要重新檢視，因為這涉及我們從何種觀點理解族群通婚。首先，若以傳統人類學的「上嫁」概念──締結婚姻的姻親雙方（討妻者與給妻者）之地位差異理解臺灣客家與印尼客家通婚，容易將通婚視為經濟利益或地位提升的結果，而忽略個體在當中的決定與能動性，尤其是透過婚姻移民的生命經驗可以揭示在通婚過程中所涉及的複雜軌跡。再者，雖然以傳統「上嫁」的概念來看這兩類通

4　在此只先探討宏觀成因，其他因素容後再述。

婚時，皆涉及了性別位階與族群位階——臺灣客家男性高於印尼客家女性，然而如前所述，通婚與種族（或族群）、宗教與語言有關。其中尤其是宗教爲文化的核心要素，因其與價值、信仰與實踐有關（Lehrer, 1998; Sherkat, 2004），因此通婚雙方的宗教相容性在通婚的選擇上扮演重要的角色（Lehrer, 1998：247），因爲相異的宗教文化可能會對於通婚或婚後產生適應困難。雖然本書以臺印客家通婚爲主，但在印尼國內本身的通婚上，宗教扮演著重要角色。Utomo（2020：2900）指出，在印尼雖然族內通婚是大家主要採取的婚配模式，但仍會依人群與地區有所不同，如果要進行跨族通婚，常常已經超越父母與孩子之間誰來決定通婚與否的範圍，而是會受到其他因素影響，例如親戚網絡以及國家與宗教組織以間接但極具影響力的方式影響著通婚關係。而且，在印尼，族群與宗教關係是無法斷裂的，戀愛或是通婚關係中的族群差異最主要與宗教有關，因爲根據印尼婚姻法規定，婚姻的合法性在於須符合國家所規定六個宗教中（伊斯蘭、基督新教、天主教、印度教、佛教與孔教）的規定與規範，如果是不同宗教信仰者之間的通婚，更形困難，因此通常會在結婚前改宗。例如在1978年印尼取消孔教的合法地位，婚姻部門不承認孔教婚禮，孔教教徒被迫改爲登記佛教（王愛平，2010：217）。

　　關於宗教部分，尚須注意的是彼此原來的宗教信仰類別以及信仰程度深淺。尤其是當普化宗教遇上制度性宗教時，由於兩者在教義、經典與組織上相異，在婚後的家庭生活上恐有適應上的困難。普化宗教信仰的內容——包括祖先崇拜、神明崇拜、歲時

祭儀、生命禮俗、符咒法術等，經常與一般的日常生活混合而且因爲普及於文化之各個面向，因此並無明顯劃分（李亦園，1992：198-199）。雖然其中一方原先信奉制度性信仰，但是因爲並非相當虔誠，因此可能轉變爲普化宗教，或在宗教實踐上出現混雜現象。當然，更需注意的是，信仰的轉變尚涉及其他因素，如性別、族群位階，或是有其背後社會文化與社會結構因素，然並非單一因素，而是不同因素之間彼此交錯影響。

　　以臺灣客家男性所處的漢人父系社會的宇宙觀觀之，家庭具有宗教功能，因爲傳宗接代是家庭的重責，目的在於使種族（或族群）綿延不絕，自然無法忽視種族（或族群）源頭，因而延續出祭祀祖先與神祇崇拜的宗教功能（高淑貴，1991）。以本書與臺灣客家男性通婚的印尼客家女性來說，大多在結婚之後，被期待在祭祀上扮演角色，例如準備祭祀牲禮等。印尼客家媳婦在印尼原生家庭中亦有與臺灣類似的祭祀行爲，或許祭品有異，但很快可以熟悉與適應，並幫忙準備。不過，書中幾位研究參與者是基督教徒，雖然婆婆強調不可不拜祖先，媳婦一方面調適自己僅僅幫忙準備祭品，但另一方面也讓婆婆了解爲何不祭拜的原因，且在與媳婦長期相處下，婆婆改信基督教，原來拜祖先的觀念轉變爲相信天最大，自己也不再拿香祭拜。[5] 印尼客家媳婦因爲同爲客家人，在進行跨國婚姻的初始即預設文化相近[6]，但後來發

5　內容出自筆者2016年2月28日田野筆記與蔡芬芳（2017）。

6　在此不以「相同」表述，係因要考慮到雖皆爲客家人，但須明白文化實踐會受

現信仰不同，雖然如此，媳婦仍盡責準備祭品，但是遵守制度性信仰規定，後來甚至婆婆改宗。若以傳統「上嫁」概念理解臺灣與印尼客家通婚，無法看見制度性宗教如何影響通婚姻親之間的關係。

　　由前述臺印客家通婚中所產生的宗教信仰上的現象，發現無法只看單一因素，例如僅看性別，或是只注意族群，而是需要同時看到不同因素如何同時交錯而對締結婚姻的雙方及姻親產生影響。同時需要注意的是，雙方的社會結構、宗教文化，以及宏觀之歷史、國家、國際政經皆需一併納入考量，如此方能了解不同層次對通婚雙方產生何種作用，以及動態的權力過程。如同劉千嘉（2011）指出，「族群通婚本為複雜的社會現象，除總體層次（族群關係、族群位階、社會族群氛圍）的因素外，亦受個人生命經驗（接觸、遷徙經驗、家族慣習）所影響，加上社群文化、族群意識等中層要素，族群通婚所鑲嵌的脈絡要素極多」（劉千嘉，2011：146-147）。雖然前述所言從族群通婚角度出發，然筆者認為，與本書處理的跨國通婚所欲探討層次相同。

　　基於以上研究背景，本書以筆者過去執行的科技部計畫及其他計畫[7]為基礎，資料運用上為研究過程中的田野觀察筆記與深度訪談之逐字稿以及既有相關研究的文獻，以臺灣客家與印尼客家通婚為研究主題。透過三個層次——宏觀國際政治經濟秩序、

　　　到原生國家與社會的影響，不一定與臺灣完全相同。
　7　參閱本章「四、研究資料來源」中的說明。

中介族群文化與意識以及微觀個人生活層次作為分析架構，以性別、族群與宗教之交織作為理解移民生命經驗的架構，探究跨國通婚中之文化適應與文化實踐，從宗教信仰重新檢視「文化親近性」意涵以及通婚理論中的權力關係。

　　以上述三個層次來分析臺灣印尼客家通婚中的印尼客家女性，則需要注意到的第一層宏觀層次為國際政治經濟階序下臺灣與印尼的相對位置——需要了解以婚姻移民身分來到臺灣的印尼客家女性，從被視為商品化婚姻、子女學業差到臺灣的第五大族群「新住民」，進而更成為新南向政策所形塑的可以教導孩子熟稔東南亞語言的「社會資產」（夏曉鵑，2018）。在第一個層次下，印尼客家女性如何自處以及與整體社會協商，然而值得注意的是，印尼客家女性在臺灣的身分是來自印尼的外籍配偶，然其因自我認同為華人、客家人[8]，因此在第二個中介層次需要面對的是族群文化所發生的作用，牽涉到雙方婚配對象選擇的考量、語言溝通與使用以及習俗傳統之執行或延續。第三層微觀層次則是在日常生活中的祭祀行為，當印尼客家女性的宗教信仰為制度性信仰時，在面對客家婆家相當重視的祭祖時所採取的行動與策略，意味著原在客家社會的宗教信仰與父權結構交織而成的權力受到衝擊，特別是當婆婆受到影響而改信基督教時，原來的權力面貌因而發生變化。

8　印尼客家女性婚姻移民的多重認同，請參閱鄧采妍（2016）。

以上三個層面的內容將散見於第二、第三與第四章，透過婚姻移民自己的述說，探索研究參與者生命的動態、過往經歷，經由婚姻移民的生命歷程，並觀看其生命中的重要事件之於她們的意義爲何。從研究參與者的生命經驗出發讓我們避免預設婚姻移民都是家庭有問題的，或是預設她們都有婆媳相處上的困難，因爲縱使雙方都是臺灣人的婆媳，在父權結構「子宮家庭」的概念影響之下，也會有需要面對的問題。

二、研究對象

　　筆者於2015年至2023年間因執行不同計畫[9]所接觸到的來自印尼的客家婚姻移民女性共計28人、配偶6人、子女4人、移民組織人員1人、神職人員2人、專家學者8人，一共49人。由於本書以婚姻移民女性爲最主要的研究參與者，因此在表一僅列出28位女性的基本資料。此外，爲顧及研究參與者隱私，本書所有研究參與者之姓名皆經過更名處理。然由於本書中部分內容出自或修改自筆者於2017年出版的專書文章〈「差不多……又不一樣！」：台灣與印尼客家通婚之文化經驗〉[10]，故本書中的19位研究參與者所使用的名字將會雷同。

　　由於印尼客家婚姻移民分兩波時間來臺，第一波爲1970年

9　參閱本章「四、研究資料來源」中的說明。

10　參閱本章「四、研究資料來源」中的說明。

代，第二波則在1990年代末期，不同時期來臺的年齡分布亦不同。28位婚姻移民中，3位目前年齡七十歲以上，來臺時間已有四十到五十年。另外25位中，2位二十年之內，其餘皆為20年以上。在夫家族群背景方面，21位丈夫為客家人（包含1位外省客家）、3位為閩南、1位為公公客家、婆婆閩南、3位外省。至於居住區域，住在桃園地區的婚姻移民有22位，苗栗5位，1位高雄。在教育程度上來說，大學畢業1位、大學肄業2位、高中畢業5位、高中肄業1位，其餘19位為小學程度，或是小學肄業。就業方面，28位中有5位為職員，其餘17位為勞工（包含已退休的3位在退休前為勞工），4位為家管，2位自營商店。宗教信仰上，21人為佛道民間信仰，7人為基督教信仰。

筆者為了希望有其他參照對象，尚訪問過來自其他國家的婚姻移民，包括馬來西亞華人2位（2022年3月3日、2022年3月14日）、菲律賓1位（2021年12月16日），由於本書以印尼婚姻移民為主，因此並未寫入書中，但有助於筆者思考或觀察相關議題，例如他們三位都是基督徒，可以從中感受到宗教的力量或是宗教的作用遠超過族群，但對於馬來西亞人來說，因其來自多種族社會，因此在原生國家不僅是宗教，種族亦扮演重要角色，然而對於已到臺灣的他們來說，由於他們與臺灣人同為華人，加上華語溝通無礙，以及具碩士學歷並從事白領工作，雖然有需要適應之處，例如臺灣與馬來西亞不同的工作文化，但在整體依據的生活價值中以宗教發揮最大作用。馬來西亞操潮州話的華人女性同時兼具婚姻移民與留學生身分，具碩士學位、配偶為臺灣外

省人，工作與新住民有關；馬來西亞客家華人男性原爲留臺生，後爲婚姻移民、配偶爲臺灣外省人，具碩士學位，自由文字工作者；菲律賓女性則爲非華人，身分從移工轉變爲婚姻移民，具大專學位，配偶爲臺灣苗栗客家人，自營商店，先生受到影響之後亦成爲基督徒，她也如同本書在第四章會細談的印尼基督徒一樣，嘗試讓婆婆接受與改變宗教信仰，雖然婆婆尚未成爲基督徒，但婆婆跟隨她去過教會一次。雖然這三位在人數上與印尼客家婚姻移民相差甚遠，來臺背景亦不相同，然而她們的經驗可作爲筆者在分析印尼婚姻移民的隱性參照，尤其是移民方式、教育程度以及對於宗教的態度。

在進行田野調查的過程中，筆者所使用的語言依互動對象而定。筆者本身爲操四縣腔的客家人，客語聽力佳，由於在臺北長大，因此說客語的能力尚可。基本上與婚姻移民的對話多以華語爲主，少數用客語，然由於研究參與者知道筆者可以聽懂客語，因此在言談間客華語參雜，在本書的逐字稿中則依照研究參與者當時使用的語言所呈現。

三、研究觀點

當筆者因研究開始要接觸來自印尼的客家婚姻移民女性時，才想起在三十幾年前早已有相關經驗。雖然模糊，但依稀記得大約在筆者就讀高中的年紀，先父帶著筆者參加一場在中午舉行的婚宴，新郎正是先父的親戚，當時他已經高齡七十，廣東梅縣客

表一 研究參與者基本資料

名字	出生年 / 目前年齡[11]	結婚時間 / 當時年齡	來臺 年數[12]	在臺 居住地點	教育 程度	職業	宗教 信仰	夫家 族群身分
1 阿佳	1974 / 49	1998 / 24	25	桃園市 八德區	小學	勞工	民間 信仰	客家
2 淑瑩	1985 / 38	2003 / 18	20	桃園市 八德區	高中 肄	勞工	民間 信仰	公公客家 婆婆閩南
3 芳琴	1980 / 43	2002 / 22	21	桃園市 八德區	小學	勞工	民間 信仰	客家
4 惠明	1977 / 46	2001 / 24	22	桃園市 平鎮區	大學	職員	一貫道	閩南
5 麗玲	1971 / 52	1991 / 20	32	桃園市 楊梅區	小學	家庭 主婦	民間 信仰	客家
6 莉芸	1980 / 43	2000 / 20	23	桃園市 楊梅區	小學 肄	自營	民間 信仰	客家
7 玉玲	1973 / 50	2001 / 28	22	桃園市 楊梅區	小學	勞工	民間 信仰	客家
8 玉月	1982 / 41	1999 / 17	24	桃園市 楊梅區	小學	勞工	民間 信仰	客家
9 秀美	1975 / 48	1995 / 20	28	桃園市 楊梅區	小學	勞工	民間 信仰	客家
10 文英	1977 / 46	2000 / 23	23	桃園市 龍潭區	小學	勞工	民間 信仰	客家
11 英雲	1979 / 44	1999 / 20	24	桃園市 龍潭區	小學	勞工	一貫道	客家
12 娟芬	1978 / 45	1998 / 20	25	桃園市 中壢區	小學	自營	一貫道	閩南
13 玲宣	1971 / 52	1991 / 20	32	桃園市 新屋區	小學	勞工	一貫道	客家

---

11 以本書完稿之 2023 年爲計算基準。

12 以本書完稿之 2023 年爲計算基準。

14 玲娟	1979 / 44	2006 / 27	17	苗栗縣苗栗市	高中	職員	基督教	客家
15 敏娟	1971 / 52	1999 / 28	24	苗栗縣苗栗市	高中	勞工	基督教	客家
16 阿霞	1978 / 45	1998 / 20	25	苗栗縣苗栗市	高中	勞工	基督教	客家
17 梅玉	1971 / 52	1988 / 17	35	苗栗縣苗栗市	高中	家庭主婦	基督教	客家
18 美芬	1977 / 46	2001 / 24	22	苗栗縣苗栗市	高中	職員	基督教	客家
19 天艾	1976 / 47	2001 / 22	22	桃園市楊梅區	小學	勞工	民間信仰	客家
20 慈蓮	1975 / 48	1991 / 16	32	桃園市楊梅區	小學	勞工	民間信仰	客家
21 清萍	1977 / 46	1993 / 16	30	桃園市楊梅區	小學	家管	民間信仰	客家
22 蕾伊	1972 / 51	2002 / 30	21	桃園市八德區	大學肄業	翻譯	基督教	外省
23 琪芬	1980 / 43（22 歲來臺）	2005 / 25	18	桃園市龜山區	大學肄業	職員	基督教	閩南
24 英如	1982 / 41	2000 / 18	23	桃園市楊梅區	小學肄業	勞工	民間信仰	客家
25 月雲	1952 / 71	1981 / 29	42	桃園市中壢區	小學	退休	民間信仰	外省
26 卿秀	1953 / 70	1981 / 28	42	桃園市中壢區	小學	退休	一貫道	外省
27 雲霞姐	1946 / 77（1970 年第一次來臺1974 年第二次來臺）	1970 / 201974 / 24	49	桃園市八德區	小學	退休	民間信仰	外省客家
28 南勤	1981 / 42	2001 / 20	22	高雄市美濃區	小學	家管	民間信仰	客家

家人，軍職退休，首次結婚，透過另外一位也是與印尼客家人結婚的同鄉介紹了一位五十歲以上，同樣來自印尼的客家女性。然可惜是，由於是遠房親戚，未能有太多互動，因此無法得知更多關於這段跨國婚姻的細節。

直到後來筆者開始從事相關研究之後，方始回想起當時親戚的婚姻正是拼出了臺印客家通婚圖像中的一隅。從締結婚姻的時間與雙方的社會屬性，親戚及其妻子正屬於始自1970年代第一波臺印通婚中眾多主角之一，當時來自印尼的客家女性多屬於年紀較大，在印尼可能已有婚姻與孩子，但因離婚或喪夫，再加上當時排華嚴重，選擇遠渡臺灣開啓人生新頁，結婚對象多爲臺灣外省或外省客家退伍軍人。這一波的通婚雙方則有別於1990年代開始的第二波，因臺灣對印尼投資的增加，印尼客家婚姻移民大量增加，女性年紀較輕且爲初婚，丈夫也多爲臺灣客家男性。

接著在自2015年展開的研究過程中，陸陸續續接觸了28位的婚姻移民，雖然身處臺灣的她們因爲移民而有共同身分，但是不可忽略的是，來自同一國家的移民之間仍存在異質性。例如從研究對象的臉書內容，可以看到一位已在臺灣生活有二十年以上的印尼客家婚姻移民的部分生活。有時是孩子的即興跳舞畫面，有時是與印尼同鄉在卡拉OK同樂歡唱，享用印尼食物與飲料，有時是與家人一起高歌或祝賀生日。或是2015年曾經兩度訪問過一位婚姻移民，她來臺後，靠著自身努力與婆家及丈夫的支持，一步步從識字班，讀夜校，最後讀到大學。2021年再見到她時，活躍於臺灣的新住民組織，同時也是臺灣知名社會團體成

員。抑或是一位在印尼已有兩次婚姻，帶著孩子過來與榮民結婚，還有一位是在與先生認識之前，就已經來過臺灣當過幫傭。此外，一位則是在移民臺灣之前，已經到過香港與新加坡工作。而就算是她們多來自印尼西加里曼丹，她們在印尼家鄉的生活，因家庭環境而有不同或可能有相似之處，來臺灣之後的際遇，亦是如此。

因此，過往依稀記得的年少記憶，在與來臺已超過四十年，現年七十到八十歲的3位印尼客家女性婚姻移民接觸互動與訪談過後，再度鮮活了起來。當然，同時也因爲研究而接觸了25位現在皆是中年的印尼客家女性婚姻移民，而檢視自己究竟該從何種觀點認識與理解她們。再加上自2011年伊始，筆者因爲印尼客家華人改信伊斯蘭之研究到印尼進行田野調查，奠定了從印尼女性婚姻移民的原生社會作爲認識她們的基礎，以了解她們原鄉生活的脈絡。然而，在閱讀文獻與婚姻移民接觸的來回過程中，始終在思考究竟該如何認識與理解她們？

首先，婚姻移民是活生生的人，絕非因爲她們在臺灣的身分而被放入亙古不變的框架中，而是她們在真實的社會空間與特定時刻中活動，並且進行參與。因此，婚姻移民所在之社會脈絡需要納入考量，包括其母國印尼社會與所移入的臺灣社會，若將之更細緻區分，則應更精確說明多數婚姻移民生長的環境——華人佔多數的西加里曼丹，以及移民大多歷經的印尼國內移民過程——從西加里曼丹移居到雅加達；移民來到臺灣之後，其所居住環境爲客家人居多之鄉鎮，結婚對象多爲臺灣客家人，但少數亦

包括外省人與閩南人。

此外，因為我們相當容易將所接觸到的研究對象之意見簡化為整個研究社群的觀點，然而，社群內部成員有其因年齡、性別、宗教、階級等差異。以筆者所進行的研究為例，互動對象多為來自印尼西加里曼丹的客家人，但如前述有世代、來臺時間、婚配對象族群身分、婚姻狀況等區別；婚姻移民中多為女性；宗教有信奉佛道教或與基督教信仰之分；來臺前原生家庭的階級地位與來臺後夫家的階級地位、移民自身的階級與教育程度。

除了上述的考量之外，筆者以下將分為兩個層次來探討如何理解在臺印客家跨國通婚中的女性婚姻移民，首先，借助縱橫政治（transversal politics）中的「絮根與置換」（rooting and shifting）反思筆者與研究參與者之關係；其次，檢視臺灣普遍將婚姻移民定位為「第五大族群」之議題。

（一）以縱橫政治之「絮根與置換」作為理解印尼婚姻移民的開端

本書中所使用的「絮根與置換」出自於英國猶太裔女性主義學者 Nira Yuval-Davis 所提出的縱橫政治[13] 中的第一個特色——「絮根與置換作為對話理解的基礎」（林津如，2011：28）。縱橫政治原本是 Yuval-Davis 用於描繪跨國女性主義的精神與特色之

13　本文 transversal politics 之中文採用林津如的翻譯——縱橫政治，而非橫向政治，請參閱林津如的說明（2011：23 註釋 3）。

理論概念，以及討論群體內成員經由溝通與對話建構出涵容差異之共同主體。雖然本書就問題意識而言，運用此概念的確有別於Yuval-Davis的原意，然而該概念所反映出的反思性極能作為筆者思考與檢視如何理解印尼婚姻移民之立論基礎，因此應用之。

在進行研究時，當筆者與研究參與者相對時，首見明顯的國籍與階級差異導致我們所處立場不同，更重要的是構築彼此社會位置之權力影響著我們的互動。為了避免在研究過程中讓自我與他者之關係陷入二元對立，透過紮根與置換，學習研究參與者的觀點。Yuval-Davis認為，紮根與置換是不同立場的人對話的重要理念（Yuval-Davis, 1997：283-284、林津如，2011：28）：紮根意為行動者的言說需從自己的經驗出發，經驗可說是發言者的立場（standing）（林津如，2011：28），在此同時，行動者須對自身的立場、認同具有反思性知識；置換則是設身處地、換位思考，想像假若自己在對方的位置上，在特定情境下如何經驗、感受，以及產生何種議題？以下先從筆者自身及朋友的經驗談起，接著延伸至與同年紀的研究參與者相處時之感受。

首先，筆者因赴德攻讀博士學位，本身亦可謂「空間上移動」的移民，從偶爾遭遇明顯歧視或不友善對待事件深知自身在德國社會的處境，例如在德勒斯登與其他德國友人同遊時，遭受當地人以戲謔的口氣直喊「香蕉」，意為黃種人。抑或是在慕尼黑時，與臺灣朋友一起搭電車時，遭人責罵，因為對方認為我們交談時所使用的中文難以入耳。第一個事件是針對我們的種族（膚色），第二個則是語言問題，因為我們並非使用德語，而是

對方聽不懂的中文。至於亞洲女性在德國中的社會位置，特別是從幾位在德留學期間因求學認識德國丈夫的臺灣女性朋友口中得知她們有些會受到丈夫朋友的質疑，是否為買賣婚姻，或是被公婆嫌棄其德語能力不佳，抑或是當公婆來訪時，不敢烹煮臺灣的家鄉菜，深怕公婆無法接受。這些經歷發生在遠嫁德國的臺灣女性的身上與臺灣的印尼或其他國籍婚姻移民女性遭受的待遇別無二致——兩者皆面對的問題可能包括透過仲介婚姻成婚所帶來的負面評價、能否掌握移入國語言的能力以及在烹調食物上擔心無法符合公婆的口味。以上是筆者自身或從朋友得知的相關移民經驗，可以作為理解臺灣婚姻移民女性的切入點。

其次，本書的研究參與者中有十位與筆者年齡相近，當與她們互動，聆聽著她們的生命故事時，心中常會出現「如果我的人生也是這樣，我會如何……」。她們當中有人抱著冒險心情，賭上自己的命運嫁到臺灣，有人結婚不到十年喪夫而須獨自扶養孩子，有人靠著自己努力在臺灣接受高等教育，有人因為宗教與教會的協助逐漸改善生活，有人其實不想年紀輕輕生養孩子而渴望過著自己夢想中的生活，甚至想學好英文到美國去，有人遭遇家暴而離婚等等。如同筆者在本書自序中所提到的，假如祖父留在印尼不回到廣東梅縣，如果先父沒有到臺灣，那麼或許今天我可能也是印尼客家人，也許待在印尼，也許會像我的研究參與者一樣到臺灣展開人生另一個階段的生活，但這畢竟是「如果……」，然而卻也因為這「如果……」讓筆者在進行研究與書寫時趨近研究參與者的感受。

透過「紮根與置換」讓筆者開啓與研究參與者對話的可能，而縱橫政治（transversal politics）中的第二個特色——「以平等概念環繞差異」（Yuval-Davis, 1997：281、林津如，2011：30）提醒筆者注意到自己與研究參與者的權力關係。首先需言明，雖然筆者與研究參與者並非如在Yuval-Davis所提出的原始概念中構成一個團體，但是筆者認爲研究是我們彼此相遇的場域，因此本書可被視作某種意義上共同形成的隱形「社群」，更可說是因著共同理解與對話的基礎共享「知識論的社群」（epistemological communities，林津如，2011：29）。林津如指出，雖與她所研究的婚姻移民共同形構「知識論的社群」，但注意到自己在婚姻移民女性組織中因其具學者身分，故在知識、族群與階級上優於婚姻移民（2011：31-32），而這需要察覺到知識論社群內的權力關係，亦即當我們在談論平等時，要注意到彼此之間具有權力差距，需平衡之，而且彼此的差異亦無優劣之別，因此既要接受多元又要在意識到權力關係下談論差異（林津如，2011：31），方始更能眞實面對社群成員彼此關係。筆者在進行研究時，覺察自身因爲知識與階級的優位性，被研究參與者所設定的位置是臺灣中產階級學者，尤其是筆者的職業是她們大多尊敬的「老師」，再加上當她們聽到筆者過去（2011年到2016年）因爲研究印尼客家華人改信伊斯蘭而多次前往印尼，比她們自己回去印尼探親的次數還多而欣羨不已，也羨慕筆者可以享有的自由度，就如同林津如所言，其所擁有的資源足以支撐她逃離父權壓迫（2011：32），在筆者身上亦可見到相同情況。

縱橫政治的第三個特色——「戒斷位置（positioning）、認同（identity）與價值之間的必然連結」（Yuval-Davis, 1997：282、林津如，2011：32）有助於我們去除本質化的想像。雖然在Yuval-Davis（1997）的原始概念與林津如（2011）的皆以女性主義與其他社群成員為例說明社會認同、社會位置及政治與文化價值之間不見得能夠劃上等號，而筆者與本書的研究參與者雖非具體社群成員，但可說是前述以本書作為隱性社群存在的場域中的共同成員，因此縱橫政治的第三個特色可被應用為本書的研究觀點，以打破對於研究參與者的刻板印象。特別是因為本書之婚姻移民女性來自印尼，其原生國家在國際上的政治經濟地位、性別、階級構成她們在臺灣所處的社會位置，再加上夫家在臺灣社會中較多屬於鄉村底層勞力階級，因此容易在本質化的框架中被預設為某種特定形象——教育程度低、因經濟關係來臺、落後、無法教育孩子、父權家庭的受害者等。如此則忽略了婚姻移民女性在其生命過程中做下決定的能動性，在人生經歷中自我承擔的主體性。

（二）從「第五大族群」稱號思考婚姻移民在臺灣的定位

根據2023年5月統計，婚姻移民的人數已累積至584,124[14]，

---

14 資料來源：中華民國內政部移民署全球資訊網統計資料。網址：https://www.immigration.gov.tw/5382/5385/7344/7350/8887/?alias=settledown。點閱日期：2023年6月29日。

趨近於臺灣原住民族在2022年年底的人數584,125[15]，因此自21世紀初期常被稱為「第五大族群」。不過，若加上婚姻移民所生子女，兩者人數相加之後已達百萬，因此2022年的媒體報導[16]上將該群體稱之為「第四大族群」。無論排序，婚姻移民儼然被視為「族群」，由此可見婚姻移民在臺灣社會中的定位。在進入討論究竟是否將婚姻移民視為「族群」之前，筆者欲先提出為何本書將研究參與者稱之為「婚姻移民」，而非一般通稱的「外籍配偶」、「新住民」或「新移民」。

1. 為何稱為「婚姻移民」？

本書的研究參與者在臺灣最早被稱為「外籍新娘」，後來則被稱之為「外籍配偶」、「新移民」、「新住民」，每一個名稱的出現，皆有其社會背景與脈絡，當然更涉及在臺社會位置與該群體對自身的認同。不論哪一個稱號，皆是一種「分類」或是「類別化」（categorization）。命名與人群分類有關，而我們需要注意的是「理解人群分類的關鍵並不在於被分類的人，而是在於誰是分類者以及分類者看待自己的方式與目的」（Jenkins，1994：207）。以臺灣最早期對婚姻移民的「外籍新娘」或「外

---

15 資料來源：中華民國內政部行政公告。網址：https://www.moi.gov.tw/News_Content.aspx?n=9&sms=9009&s=275835。點閱日期：2023年6月29日。

16 郭瓊俐，2022，〈台灣族群一家親1〉過客變台客！新住民及子女破百萬人成國內第4大族群〉。《財訊》651期，2022年1月31日。網址：https://www.wealth.com.tw/articles/9f4dae5a-aa5d-466e-a4dc-754bba352498。點閱日期：2022年10月31日。

籍配偶」的稱呼，凸顯的是「她們不是臺灣人」且多來自中國與東南亞，負起照顧家中長輩與傳宗接代責任的女性，而且這些名稱常與許多負面詞彙連結，如「騙錢」、「逃跑」、「不識字」，也因為她們被汙名為「素質低落」、「無法教孩子」，連帶地使她們的孩子被視為有問題。這些標籤意味著臺灣人在與婚姻移民及其兒女相對時的優越感。而後直到2003年由民間團體發起投票，婚姻移民自己選擇了「新移民女性」自稱，之後，她們在臺灣的名字改為「新移民」或是「新住民」。雖然名稱改變以及權益獲得改善，但分類背後的意涵，仍未真正見到將婚姻移民納入「我們」之中，即便今日在民進黨政府於2016年推出的新南向政策之中，婚姻移民的孩子們也從過去被認為課業低落、表現不佳躍昇為「南向尖兵」（夏曉鵑，2018）。從臺灣政府將婚姻移民納入「新住民」分類中，如同李廣均（2008：95）所言，「官方人群類屬的分配像是一種強迫命名的過程」，而且分類框架「代表著國家對於社會人口組成的理解與想像基礎，也會對資源分配與人群關係產生一定程度的影響」（李廣均，2008：94）。

雖然我們習於以臺灣自1990年代以來產生的「四大族群」分類來劃分人群，然而有以下三個盲點（李廣均，2008：102-103）：1. 由「語言差異」衍生的「四大族群」類別無法處理認同之細緻與多重層面，因為若依據「四大族群」分類，似乎每一個人皆有一個可茲清楚區分的族群身分，但問題是無法處理以下幾種界線模糊的族群認同，例如1949年來臺的「外省人」中有

福建的閩南人與廣東客家人，其歸屬爲何？是外省人還是閩南人，抑或是客家人？異族通婚子女族群認同究竟爲何？若可使用多種語言之第二代之認同爲何？2. 以語言區分出「四大族群」的分類，忽略了不同族群關係的探討，例如無視歷史脈絡的重要性，亦無視於各個族群因處於不同歷史與政治經驗及其與其他族群之相對位置而對於社會正義持有各自訴求，即言之，臺灣的族群關係需從不同的相對位置了解，例如閩客、原漢、外省與本省之對照。3. 「四大族群」無法反映出族群本身的內部差異與世代變遷，因爲「四大族群」以語言差異與文化主義（culturalism）作爲人群分類基礎，然其中階級與世代差異未被納入考量。李廣均（2008：103）認爲四大族群的分類顯示出我們容易以單一且本質化的角度來理解人群分類，而無視於其他社會類別的重要性，例如性別、教育程度、收入、年齡、地域等。

上述盲點是否也適用在來自於印尼的客家婚姻移民女性？若就來臺身分而言，其爲透過與臺灣公民締結婚姻而得以居留，屬移民，相對於臺灣人則爲印尼人；以族群身分來說，與臺灣人同屬華人與客家人，因此若將印尼客家婚姻移民只歸類在政府的分類「外裔配偶」[17]、「外籍配偶」[18] 或是政府與民間通用的「新住民」中，則忽略了其族群文化背景，亦無視前述標籤下的內部

17　根據內政部統計表格說明，外裔配偶係指外國籍者歸化（取得）我國國籍人數。

18　根據內政部統計表格說明，外籍配偶係指外僑居留者持有效外僑居留證及永久居留證人數。

差異，尤其是來臺時期與原因、家庭背景、階級、教育程度、宗教信仰、城鄉差距等。

除了「四大族群」之外，在臺灣另外一種想像人群差異與社會關係的方式則是多元文化（李廣均，2008：103），兩者差異在於前者較側重於人群分類與比較，後者則是人群差異之間的相互對待關係。由於多元文化強調尊重差異、肯認差異，因此對在憲法中肯定多元文化[19]的政府來說，相當樂見多元文化在政策上落實，亦希望在民間發酵。相對於歐洲（中西歐、北歐）與美國對於多元文化的拒斥態度，臺灣可說是在相當程度上讚揚與擁抱多元文化，例如娛樂談話性節目中邀請外籍人士分享自己國家文化與在臺灣生活經驗[20]，或是內政部移民署所製作的節目[21]亦見各國人士在臺生活、創業奮鬥的過程與經驗，抑或是各鄉鎮縣市的新住民會館以及舉辦各式各樣活動等。

依照內政部在移民署全球資訊網上對於「新住民」的定義係指「對於從國外來到臺灣結婚、移民而定居的人士稱為新住民。」[22]因此不論來自何處，只要是符合上述定義，皆可稱為新住民，故在上述節目中，除了我們常認定的中國、港澳、東南亞

---

19 該條文為2005年6月10日修訂的《中華民國憲法增修條文》第10條第11項。

20 例如《WTO姐妹會》、《二分之一強》。

21 例如《台灣是我家》（經費來源為「外籍配偶照顧輔導基金」）、《我們一家人Taiwan Bravo！》（經費來源為「新住民發展基金」）。

22 資料來源：中華民國內政部移民署全球資訊網。網址：https://www.immigration.gov.tw/5385/7344/70395/143257/。點閱日期：2022年11月9日。

的婚姻移民之外，尚包括其他國家，而且男女皆有。政府強調「來自不同國家的新住民在臺灣組成家庭，帶來家鄉的文化、美食，也讓我們的社會有了更多元的風貌。」[23] 可見今日在由政府進行人群分類下的新住民，以及與之相關的政策、組織、活動、館舍等，可以說是延續四大族群分類方式以及肯認多元文化精神。無論來源國為何，婚姻移民在政府的政策下被納入了「新住民」的類別。雖然如此，由於中國、港澳、越南、印尼、菲律賓、泰國、柬埔寨等國的婚姻移民居多數，因此大眾一般仍將「新住民」等同於上述國家的婚姻移民。

當政府將所有的婚姻移民歸類在「新住民」類別中，卻忽視以下不同的關係與情況：（1）新住民之間的關係：A.來臺後形成共同體、B.標籤的接受度；（2）新住民與臺灣人之間的關係：A.不同國際政治經濟秩序下的位階、B.新住民與原住民。

（1）新住民之間的關係

A.當大多數新住民以婚姻移民的身分來到臺灣時，特別是目前人數居多的中國籍與東南亞籍（不包括新加坡與馬來西亞）婚姻移民，她們是到了臺灣以後，因為政策（例如輔導措施、識字班等）與社會大眾觀感而方始認知到自己的名字是「新住民」。因此，婚姻移民之間原本應該是以各自不同國籍作為身分認定的根據，但移居臺灣之後，才了解到「大家」都是「新住民」，因

---

23 資料來源：中華民國內政部移民署全球資訊網。網址：https://www.immigration.gov.tw/5385/7344/70395/143257/。點閱日期：2022年11月9日。

此可以說此一稱號讓前述特定國家的婚姻移民在臺灣的政策與社會中形成一個共同體。

B. 並非所有的婚姻移民都接受這個標籤，例如邱琡雯（2003）提到新加坡的婚姻移民並不將自己與來自中國、越南、印尼等其他東南亞國家的婚姻移民相提並論。這意謂著因為前述幾個國家的女性移民，其母國的國際政治經濟地位、來臺方式為婚姻仲介、教育程度以及來臺後的社會階級皆無法與新加坡相比，因此「新住民」等同於某些特定國家的女性婚姻移民。

（2）新住民與臺灣人之間的關係

A. 政府將所有的婚姻移民皆稱之為「新住民」，然而不同國籍的婚姻移民在臺灣的社會位置有異，尤其是在國際政經秩序具有優勢地位，如來自歐美的「白種人」或是日本、韓國不太被一般社會論述歸納在「新住民」範疇內，因為「新住民」等同於中國籍與東南亞籍婚姻移民。值得注意的是，因為階級關係，「新住民」不包括新加坡，而馬來西亞則是多為留學生，且來之前多就讀華文獨立中學，因此早就會華語，散居，較易融入臺灣社會，至於泰國，雖位居東南亞，但在婚姻移民方面男女比例相差無幾，而不像其他婚姻移民主要來源國家多是女性佔極高的比例。此外，「白種人」的婚姻移民的性別比例中以男性居多，表示雖然男性同樣與臺灣人通婚，但大多數是來臺工作留下定居，或與臺灣女性在其他國家認識之後來臺，在與透過婚姻仲介來臺的婚姻移民相較之下，男性婚姻移民較無被汙名化的現象。

B. 新住民與原住民之間：在 2015 年認識的一位研究參與

者，她在臺灣從就讀識字班開始，一步步往上讀書，直到拿到大學文憑。筆者在言談中讚賞她的努力精神，她突然提到，爲何她需要一直繳學費，「新住民和原住民差一個字，但他們不用繳學費」（2015年12月13日田野筆記）。雖然她自己也曾經在某一個學期因爲收入低的關係得以減免學費，但她在與原住民比較之下，仍有些許不平之感。

有鑑於上述「新住民」一詞意義的歧異性，因此本書將之稱爲婚姻移民，一方面避免負面意涵，另一方面不帶價值判斷，如實呈現其來臺原因或定居原因。

2. 臺灣婚姻移民是否能稱作爲「族群」？

在臺灣，婚姻移民被稱爲「第五大族群」時，其位置是在於與臺灣其他族群相對之下所產生的。因此，在此先就臺灣的人群分類之意義談起。李廣均（2008：93）指出，「籍貫制度、四大族群與多元文化是近二十年來，當代臺灣社會中主要的人群指涉與分類概念，宣示著人群之間的文化差異與社會關係」。臺灣之所以出現四大族群論述，主要爲了擺脫過去受到中國炎黃子孫論述的影響（張茂桂，2002：244），藉此創造臺灣主體性，透過凸顯閩南、客家、外省與原住民之文化特殊性，顯示差異，然若有平等關係，仍可共榮共存（李廣均，2008：99）。然而，李廣均（2008：101）進一步指出，不同族群間的人群差異，看起來是語言與文化差異，事實上有其政治考量，其爲政治妥協下的人群分類。因爲語言差異並非從實際生活出發，而是出自於政治考量，因此「語言差異」是政治判斷，而非文化描述（李廣均，

2008：102）。

　　假若依照臺灣四大族群分類邏輯——「語言差異」，將婚姻移民（特別是來自中國、越南、印尼的多數移民）列入「第五大族群」，問題是婚姻移民內部的語言歧異、文化異質，如何將之置於同一個群體內？則是一個需要思考的問題。此外，若依照臺灣社會不同族群的權利要求，婚姻移民與臺灣原住民族、客家又不盡相同，因為原住民遭受民族國家幾乎剝奪了所有的權利並處於全面弱勢，客家則屬文化上的弱勢，文化權利（尤其是語言權利）則是客家族群之核心關懷，而婚姻移民則是全球化浪潮下的移民（張翰璧、蔡芬芳，2023）。若以這三者進行比較，族群形成的歷史脈絡、所需面對的族群議題，以及所要求的權利皆不同（張翰璧、蔡芬芳，2023）。

　　但為何政府特別注意到婚姻移民？甚至是將其預設為「族群」，將內政部移民署視為代表該族群的行政組織（孫煒等，2015）。從國家發展委員會的委託研究案中可以看出婚姻移民被視為一個群體作為討論對象，例如江明修、廖元豪、吳正中（2012）《政府施政措施落實多元族群主流化之研究》；孫煒、黃之棟、許雲翔（2015）《我國族群事務資源分配機制之研究》；張翰璧、柯瓊芳、黃祥芝（2016）《我國族群發展重要指標分析與運用規劃》。在報告中，以新住民或新移民稱之。但至於婚姻移民是否被視作族群，在研究中訪問的專家學者基本上不贊同（張翰璧等，2016：207）。此外，張陳基（2023）在〈臺灣族群主流化政策指標建構之研究〉顯示的研究結果亦然，學者

並不認為婚姻移民可以被視為族群。根據張翰璧等所訪問的學者們表示，可以歸納出以下原因（2016：199-201）：

（1）不符族群定義，大部分的學者認為婚姻移民內部異質性高，來源國不一，分散各地，而且未具主觀認同。其認同通常為以國籍身分自稱，如「越南人」、「印尼人」，並非以「新住民」、「外配」自稱，有些人根據父權觀念與子女國籍而有臺灣認同，但有些不然。值得注意的是，雖然自我認同紛雜，但在臺灣社會中具有相同結構位置。如果將「新住民」視為一個族群，意謂著主流社會沒有意願了解外來弱勢者內部的差異性。

（2）假若婚姻移民可被視為一個族群，但學者的問題是該族群在人口組成的性別是單一的，然而並無族群是由單一性別構成。

（3）未有族群運動，而是在非婚姻移民針對其受到制度性排外的法律地位進行抗爭且宣揚，如此之族群意識恐為反抗性質，且相當具有政治意涵。

（4）「新住民」為一個泛稱，若「新住民」取得公民權之後，不應再將之視為移民。

上述學者認為婚姻移民內部充滿異質性，而且不符合「族群」定義，「新住民」一詞應為泛稱，其並非共同體，能夠體現族群性，且其主觀認同為自身母國國籍，非從臺灣政府視角出發的「新住民」或是「外籍配偶」。再者，縱使有族群意識，不能忽略的是，是經由非婚姻移民所倡議的，屬具有政治意涵的反抗性質。然不可否認，婚姻移民雖無法被視為一個族群，但其有相

同結構位置。

　　上述學者多從「族群」定義作爲檢視婚姻移民究竟是否能被視爲一個族群的基準，夏曉鵑（2018）在〈解構新自由主義全球化下的「台灣第五大族群──新住民」論述〉一文中，開宗明義揭示婚姻移民的異質性，縱使是同一個國家，亦因種族、宗教等因素而呈現多元樣貌，無法被劃入同一個族群之中。例如她以印尼爲例，不同的婚姻移民有不一樣的故事與歧異的自我認同樣貌。夏曉鵑從「新住民」反思「四大族群」的族群分類，提出跨國通婚造就兩個「混雜」事實，一爲臺灣與婚姻移民所生之「新二代」，即便是原本就屬於東南亞國家內的華裔女性，其語言文化亦因在東南亞與當地文化混雜而與臺灣不同，另一爲臺灣偏鄉地區因爲婚姻移民的到來而成爲臺灣「傳統語言文化」的保存與傳承者（夏曉鵑，2018：337）。此外，1990年所出現的「四大族群」分類與建構以臺灣爲主體的國族打造密切相關，然在此原則下，顯示出是因爲達到對抗「中國民族主義」，更是進一步在面對中國開始成爲經濟大國的威脅下，臺灣欲以「南向」或是後來的「新南向」政策對抗，因此將以東南亞婚姻移民爲主的群體納入「第五大族群」（夏曉鵑，2018：338-339）。

　　在新自由主義秩序的邏輯運作下，臺灣政府以「競爭力」、「人口素質」優劣，並以「新種族主義」與階級主義作爲如何對待來自不同國家的移民的標準（夏曉鵑，2018：339-349）。來自中國與東南亞的婚姻移民被視爲素質低落的「低劣他者」，同時也被視爲「社會問題」，將她們納入「第五大族群」的作法事

實上為了能將之排除在臺灣之外或矯治其不良素質，因此較「先進發達」的國家移民不被包括在「第五大族群」分類之內（夏曉鵑，2018：341-342）。筆者認為原因有二：其一，婚姻移民的人數若加上其子女，人數上超過原住民族；其二，婚姻移民中絕大多數人口為女性，其對於「臺灣之子」或「新臺灣之子」負有生育與文化再製責任。看似臺灣政府給予婚姻移民權利或權益，然而實際上，讓新住民「變成」「可見」（visible）的，要解決的「問題」。

四、研究資料來源

本書研究資料主要來自筆者自2015年至2023年執行研究計畫所產出的參與觀察之田野筆記與深度訪談的逐字稿全文，部分則為與計畫相關的研討會論文與專書論文。在進入到臺印跨國通婚的研究之前，筆者於2011年至2016年間因研究印尼客家穆斯林之改信伊斯蘭信仰的經驗與過程而多次前往印尼山口洋與班達亞齊，其中又因山口洋可說是多數在臺印尼客家女性婚姻移民的家鄉，因此就了解研究對象的背景上來說，已經對移民的家鄉有某種程度的認識，進而因與研究參與者接觸之後開始了解她們在臺灣的生活。

筆者2015年因科技部計畫開始進行臺印跨國通婚的研究，該計畫「從印尼西加里曼丹到台灣桃園——客家通婚與族群認同」（計畫編號104-2420-H-008-008-MY2，執行時間為2015年1

月1日到2016年12月31日）爲蕭新煌教授所主持的整合型計畫「比較台灣與東南亞客家經驗：台灣客家族群發展的特色與典範移轉」之下的子計畫，研究成果刊登於蕭新煌教授主編之《臺灣與東南亞客家認同的比較：延續、斷裂、重組與創新》之專書文章〈「差不多……又不一樣！」：台灣與印尼客家通婚之文化經驗〉[24]（2017）。本書部分內容出自該篇文章的原始內容或是經過筆者修改而運用。

接著在2016年擔任客家委員會研究計畫「客庄新移民的兩代人與兩地情：桃園市與山口洋個案分析」（執行時間爲2016年5月1日到2017年4月30日）的共同主持人[25]。該研究計畫的執行方式除了研究之外，最主要的是透過楊梅地區三對母親與子女，觀察他們在臺灣的生活並跟隨他們一同回到家鄉山口洋，參與日常生活，該計畫成果爲影片「兩代人兩地情」[26] 以及三篇媒體報導，並在山口洋與楊梅皆舉辦分享會，讓在地居民與雙方家人得以認識他們在兩地的生活。此外，相關研究成果亦與張翰璧與張維安以〈台灣的印尼山口洋客家婚姻移民〉爲題共同發表[27]於在2018年所舉行的「第五屆印尼華裔研究國際論壇海上絲綢之路與東南亞華僑華人：歷史、現狀與展望」（2018年11月24

---

24 頁數爲287-316，該書由國立中央大學出版中心與遠流出版公司共同出版。

25 該計畫主持人爲張維安教授，另一名共同主持人爲張翰璧教授，另有兩名協同研究人員分別爲李嘉元與王慧瑛。

26 https://www.youtube.com/watch?v=S9VmsN7DV80。

27 筆者爲第二作者。

日與 11 月 27 日）[28]。

　　上述計畫著重參與觀察，且以日常生活中母親與子女互動爲主，相形之下，筆者在 2017 年到 2018 年間所主持的客家委員會「臺灣客庄地區東南亞新住民及新住民二代生活適應、照顧輔導及就學就業等需求研究計畫」（執行時間爲 2017 年 12 月 29 日到 2018 年 8 月 31 日，共同主持人爲張陳基教授）則主要以問卷調查蒐集資料，輔以專家座談與新住民訪談，以深化議題內容。以 70 個客家文化重點發展區內來自東南亞國家的新住民及其子女（國中生）爲研究對象，透過問卷調查親子所受到的社會支持、生活適應、照顧輔導及就學就業等需求，所蒐集到的有效樣本共計 1,178 份。

　　從 2018 年 8 月底到 2020 年年底之間雖然未執行任何與婚姻移民有關之研究計畫，然由於筆者透過授課仍持續關懷相關議題。筆者在所任職系所開設大學部課程「多元文化通論」與碩士班課程「多元文化主義研究」，在課堂上分別以不同文本讓大學生與碩士生閱讀「移民」與「婚姻移民」相關文獻並進而以臺灣爲例作爲討論議題。在此過程中，因爲在課程中與學生相互激盪之故而得以毫不間斷地思考與婚姻移民相關議題。自 2021 年 1 月開始，則在由本學院周錦宏院長擔任計畫主持人之「教育部大專校院人文與社會科學領域標竿計畫（語文學）」（執行時間爲

28　該研討會主辦者爲廈門大學國際關係學院／南洋研究院、中國海外交通研究會／福建省泉州海外交通史博物館。

2021年1月1日到2022年12月31日）擔任研究人員，該計畫係透過規劃設立「語言平等及政策研究中心」，以跨領域團隊進行合作，目標在於希冀從新住民及其子女之語言使用、語言調適、族群認同切入，得以深化語言平等（族群間）及語言人權（個體）相關議題，進而使得臺灣語言政策臻於完善以及得以提出適合臺灣新住民子女之教育政策。該計畫目前成果為與黃菊芳共同於2022年第二十四屆臺灣的東南亞區域研究年度學術研討會「族群與區域：東南亞社會的在地性與多樣性」（2022年5月20-21日）[29]發表〈桃園客家地區東南亞新住民的語言使用與語碼轉換〉[30]。

最後，則是本書之所以能夠成形是執行科技部「性別、族群、宗教：臺灣客家之跨族與跨國通婚」專書寫作計畫（MOST 110-2410-H-008-056-MY2）（執行時間為2021年8月1日到2023年7月31日）。透過此計畫，回顧整理與分析自2015年開始累積的研究資料，期以能夠讓讀者在某些程度上與婚姻移民的人生歷程與生活經驗進行共感，看見自身與婚姻移民某些相同之處，而並非僅從「彼此互異」視角區分與隔離。

---

29 主辦單位為台灣東南亞學會、中央大學客家學院、中央研究院人社中心亞太區域研究專題中心。

30 筆者為第二作者。

五、分析架構與各章概述

　　傳統之「上嫁」邏輯或是經濟理性考量常常是一般理解臺灣
與東南亞籍配偶之間所產生跨國通婚的框架，本書的印尼婚姻移
民即是在如此的視角下遭受臺灣社會的「觀看」。然而，事實上
通婚不只對於結婚雙方來說是一個個人生命中重要的轉折點，再
加上需與另一半攜手踏上未知的將來，在走上婚姻之路時，夾雜
許多個人的想像或是意圖。與此同時，由國際政經秩序（移出國
與移入國的相對性位置），移出者分別在原生國家與接收社會內
部政治、社會與歷史下所處的脈絡所構成的外在的結構要素，亦
影響跨國通婚的決定與選擇。為了勾勒出跨國通婚中的複雜樣
貌，本書以婚姻移民女性為研究主體，透過她們述說自己的經
驗，打破她們常被呈現或是被「想像」的單一面貌，而還原鑲嵌
在其移動人生中業已存在的複雜性。

　　有鑑於此，本書以研究參與者述說的生命經驗為主要分析材
料，兼顧宏觀之國際政經階序、國家制度以及歷史與社會脈絡、
中介族群文化的影響與微觀個人日常生活層次，同時以性別、族
群與宗教互相交織的視域理解研究參與者從身為Amoy到臺灣成
為婚姻移民的過程。各章內容分述如下：

　　為提供認識本書的整體圖像，本書在第一章「臺灣客家跨國
通婚與婚姻移民」中首先說明研究目的與問題意識。其次，介紹
研究參與者的基本資料，包括來臺時間、年齡、居住地、教育程

度、職業與夫家族群身分，以讓讀者能夠對於本書婚姻移民有基本的認識。再次，研究觀點的探討有助於釐清筆者自身對於研究參與者的認識論，借用縱橫政治觀點進行分析，進而從常見的「第五大族群」稱號來檢視婚姻移民在臺灣社會中的定位，同時說明爲何本書並不採用常見「新住民」或是「新移民」而以「婚姻移民」指涉本書研究參與者，此皆涉及認識論議題。最末爲研究資料來源之說明，本書得以完成係奠基於從2015年開始所執行的數個計畫，爲長期研究的觀察與思考積累下的學術產出。

在跨國通婚的研究中，須先了解研究主體的性質，因此在第二章「跨國通婚與多重交織下的生命經驗」中以探究「跨界婚姻」與「跨國婚姻」概念做爲開端，後續透過臺灣學界自1990年代開始的跨國通婚與婚姻移民研究了解到學者從國家、社會、國際角度進行比較結構、制度與相關議題。接著整理客家研究中與跨國通婚相關的研究，以清晰呈現與臺灣婚姻移民研究比較之下的差異、特色與關心的議題，並希冀找出跨國通婚中的「客家性」。臺印跨國通婚過程中，不論是在婚配對象的選擇，或是結婚之後的日常生活，牽涉到不同類別的相互作用，包括傳統「上嫁」概念下的性別、族群，其中隱含位階秩序，然而當通婚雙方宗教信仰相異時，宗教則與性別、族群產生交互作用。此外，跨國通婚並非僅止於微觀的個人日常生活，而需將研究參與者所處的宏觀之國際政治經濟秩序與中介層面之族群文化一併納入考量，因此本書認爲交織性（intersectionality）概念得以呈現婚姻移民受到多重因素影響下所展現的生命經驗。

第三章「通婚中的女性圖像——『每個人的故事都不一樣！』」中透過不同的婚姻移民訴說自己的人生歷程，讓我們認識她們的印尼家鄉、童年生活、離開家鄉向外移動、走上婚姻道途以及早期婚姻生活。本書絕大多數的研究參與者來臺已超過二十年以上，在臺灣已經立足，但在這些過程中，需要兼顧家庭、工作與自身的需求，還有她們的孩子是否能夠理解來自異鄉的她們，最後雖然因爲臺灣現行擁抱多元文化的政策，讓婚姻移民得以站上舞臺，但某個程度仍躲不掉社會中幽微的權力運作，讓她們依舊是「被觀看」的對象。

　　印尼客家女性因爲國際政治經濟與資本主義使然，基於華人與客家之「文化親近性」以及個人因素與臺灣客家男性締結跨國婚姻，然而若遇有與臺灣婆家相異之文化實踐時，例如宗教信仰，那麼對於移民與婆家之間的關係會產生何種變化？本書在第四章「『文化親近性』與宗教？」先從客語切入，因爲對於臺灣客家男性及其家庭來說，客家文化要素（客語）爲選擇印尼客家女性的主要考量因素之一。客語是印尼客家女性婚姻移民在家庭中的文化實踐之一，然而她們在字彙使用上或是腔調有異於夫家，抑或是參雜印尼話，因此本章重新檢視文化親近性在解釋臺印跨國婚姻上的適切性，同時觀察文化元素在不同情境之下之變貌。此外，印尼客家女性在臺灣生活經驗有助於凸顯臺印雖共享客家之名，然因在地社會脈絡與周邊互動族群不僅讓我們看到客家的多樣性，更讓我們注意到印尼客家女性的原鄉文化背景，以及其個人經歷，而且當她們在臺灣因有不同的互動對象與情境，

她們的認同是多元且流動的。其中宗教信仰即構成其認同之一，當印尼客家女性具基督教徒的身分時，衝擊到客家婆家所重視的祭祀行為，這除了刺激我們重新檢視文化在臺印客家通婚中的意涵之外，亦挑戰了跨國婚姻中傳統的性別、族群文化與宗教實踐中的秩序。

　　最末，以本書年紀最輕的婚姻移民淑瑩的經驗為例，在第五章將提出「Amoy，還有別的故事嗎？」希冀提醒我們體認到婚姻移民的人生無法被框在一個單一版本之內。在她們的生活中，除了受到本書凸顯的性別、族群與宗教要素影響之外，應該還有其他面向，例如階級、教育程度，而要開掘更多版本的人生故事，有賴於我們究竟要從何種角度來認識與理解婚姻移民。

第二章　跨國通婚與多重交織下的生命經驗

　　在1980年代之前，移民研究主要以男性的觀點為主，忽略了女性在移民浪潮中的重要性。然而，隨著1970年代至1980年代女性移民逐漸增加，少數學者開始運用女性主義的觀點來分析這個議題（例如Donato,1992；Morokvasic, 1984；Ong, 1991；Pedraza, 1991，引自Pessar和Mahler, 2003：814）。值得注意的是，在1970年代到1980年代之間，女性研究開始轉向性別研究，不再將女性視為孤立的類別，而是將其放置在與男性特質相對的關係中進行檢視。此後，研究焦點逐漸轉向探討同一性別類別內的關係與差異。另外，從1980年代末期開始，女性主義者如Cynthia Enloe（1989）、Floya Anthias和Nira Yuval-Davis（1989）開始挑戰過去缺乏性別意涵的國族與國族主義理論和分析。例如，Yuval-Davis在其著名的專著 *Gender and Nation*（1997）中指出，女性事實上一直存在於國族的建構和再製過程中，然而卻往往被忽視（Yuval-Davis, 1997：2-3）。性別與國族理論也可以擴展到性別與族群議題。雖然族群並沒有像國族一樣追求獨立建國的意圖，然其感到與他族差異、不平等認知以及為

自己起身爭取權益之行動[1]，在族群建構的過程中，族群女性與國族女性一樣扮演著生物和文化再生產的角色（Yuval-Davis, 1997）。她們透過語言、文化實踐等方式來守護自身族群的邊界，與其他群體有所區分（Armstrong, 1982）。這些研究貢獻了女性主義視角對移民、國族和族群議題的理解，強調了性別在這些領域中的重要性，並揭示了以往被忽視的女性經驗和角色。

學界注意到國族（族群）建構中女性的角色與性別關係以及在全球化架構下的女性移民，研究出現的時間皆在1980年代末期到1990年代，如此觀點有助於我們了解到女性並非僅是被動客體，亦非如過去的研究，僅是「將女性放進來攪一攪」（藍佩嘉，2007），而是從性別視角，抑或是注意到性別與種族、階級等社會類屬相互交織對女性所產生的作用，女性因此實為具有能動性的主體，以及她們採取何種策略因應國家與社會結構對其所產生的影響。本書認為臺灣印尼客家婚姻移民女性恰恰同時體現國族（族群）建構與全球移動的主體——身為移民的女性因其原鄉文化與臺灣客家的文化親近性而在臺灣客家研究中被轉化為臺灣客家族群文化的再生產者。

女性一旦踏入婚姻之際，即已經跨越了「界線」。就中國父系社會從夫居的脈絡觀之，女性是所謂的界線跨越者，因為被要求嫁進夫家的新嫁娘，需要適應新環境與人事物，因之婚姻本身

1　族群定義請參閱王甫昌（2003）。

即爲移民形式之一（Oxfeld, 2005：20）。就此意義而言，本書之研究參與者——印尼客家女性進入臺灣，與臺灣客家男性締結婚姻，就已經跨越了雙重界線，一方面是個人婚姻帶來的變化，另一方面則是涉及國際政治經濟架構的跨國移動，但當中又夾雜著因「跨國未跨種族」（張翰璧，2007）之文化親近性所構成的「看似相近但又有些相異」的模糊地帶。

　　如何理解由雙重界線之內的移動以及中層之族群文化在跨國通婚中的作用，筆者認爲Pessar and Mahler（2003：816）所提出的「性別權力的地理學」（gendered geographies of power）有助於我們勾勒婚姻移民女性在通婚過程中「歷史、政治、經濟、地理、以親屬爲基礎的，以及其他社會層化因素所構成的權力階序之影響而形成其社會位置。」此觀點裨益於理解女性移民在跨國移動的過程中背後所牽涉的在各種不同場域內的社會位置，分別是受到國際與國家（包括歷史、政治、經濟、地理）、家庭（親屬）與其他社會層化因素（性別、階級、族群、宗教、教育程度等）的影響。然而，鑲嵌在前述因素中之微觀的個人生命經驗更是能夠讓女性移民訴說自己的故事，我們從而得知她們如何看待世界，其身爲主體之意義因而彰顯。不過，值得注意的是，這些不同層面依脈絡而定可能互相影響，亦有可能在某些情境下，單一因素較具重要性。

　　綜上，爲能達到理解上述不同層面如何對於本書研究參與者——印尼客家女性婚姻移民產生作用，本章第一節將先從跨國通婚理論與研究回顧相關既有文獻，首先是從「跨界婚姻」與「跨

國婚姻」概念探討釐清臺印客家通婚之性質，其次透過1990年代以降臺灣學界跨國通婚與婚姻移民與臺灣客家中相關研究進行對話，並且整理客家研究之跨國通婚議題，以更加凸顯其觀點與特色。有了以上相關文獻作為本書對話的對象之後，在第二節則藉由性別、族群與宗教之交織剖析跨國通婚下婚姻移民之生命經驗。

一、跨國通婚理論與研究

（一）「跨界婚姻」與「跨國婚姻」[2]

　　一般說來，在許多研究中，「跨界婚姻」（cross-border marriage）與「跨國婚姻」（transnational marriages）兩個概念交互使用，通常所指為「跨越族群／文化通婚或是具有相同文化的雙方所締結的婚姻」（Lu and Yang, 2010：25），但未見清楚定義。本書在此引用 Melody Chia-Wen Lu 與 Wen-Shan Yang 於其所合編之 *Asian Cross-border Marriage Migration: Demographic Patterns and Social Issues*（2010）導論中詳細區分兩個概念之差異，以說明臺印客家通婚之性質。「跨界婚姻」強調在移入國所建構的地理、國族、種族、階級、性別與文化之界線，研究關懷核心在於婚姻移民對於移入社會的衝擊與影響，包括人口壓力與社會安全、婚

2　本節內容取自筆者於2017年出版之專書論文，參見蔡芬芳（2017）。

姻移民之政治與社會公民權，以及整合與同化（Lu and Yang, 2010：25）。「跨國婚姻」側重由行為者本身所創造的跨國網絡與空間；以及在移出國與接收國之間經濟資源的交易（transactions），象徵（symbol）、政治與文化實踐之交流；這些交流又是如何影響移出國與接收國的在地發展、社會實踐與文化規範（Lu and Yang, 2010：25）。

以臺印客家通婚來說，在定義上可以包含「跨界婚姻」以及「跨國婚姻」，然而需要注意的是，印尼婚姻移民的印尼認同、印尼華人認同、印尼客家認同皆會影響我們如何定義所謂的「界線」（border）。首先，在印尼與臺灣的相對之下，印尼客家女性因其具有印尼國籍的婚姻移民身分，的確跨越了臺灣社會所建構的地理、國族、種族、階級、性別與文化之界線。尤其是從公民身分觀之，「跨界婚姻」所指為至少部分是因為住在不同國家或居住地的個體之間的契約關係所產生的移民（Williams, 2010：5），由於婚姻移民為非公民，因此在面對身為公民的配偶時，雙方之間的不平等則在關係中受到制度影響而成形（Williams, 2010：6）。其次，印尼華人認同係相對於印尼國內其他族群所產生的，由於印尼華人長期以來受到排華政策與氛圍影響，臺灣在其眼中，同屬華人國家，在此定義下，種族與文化的界線似乎不存在。再次，印尼客家人的身分歸屬相對於臺灣客家而言，彼此之間的界線更因為「同屬客家人」以及「同操客家話」更加模糊，甚至消弭，尤其在一般論述中，相同族裔群體以及語言常與相同文化畫上等號。然而，是否如此，有待本書後續的討論。

至於「跨國婚姻」的意涵強調的是移出國與移入國之間的網絡與對彼此的影響，Lu 與 Yang（2010）強調經濟、象徵、政治與文化實踐之互相交換，若以本書所欲探究的文化實踐觀之，「跨國婚姻」的概念有助於了解印尼客家女性在婚姻移民過程中，是否因為臺灣客家而使其身上所承載的客家文化產生變貌，以及其實踐是否突出了臺灣客家文化的特色。本書之所以強調從文化實踐理解跨國婚姻係因「［過去］研究者多是在民族國家的架構中，探討跨國婚姻中女性移民的社會適應，在強調影響婚姻移民的政治／經濟過程時，忽略了其社會文化的影響。跨國婚姻中的社會文化影響，指的是婚姻生活中不同社會或族群團體間的文化接觸，以及上述文化接觸對不同社會或族群文化再生產的影響。［……］跟隨著『性別化的權力地圖』而來的，是移動的族群邊界，以及多重與不斷創新的族群文化」（張翰璧，2007：4）。此外，由文化切入，一方面可以看見婚姻移民女性之能動性，其以所屬原生文化邏輯與移入社會互動之後，使得文化發生變化；另一方面，我們不再僅是如過去研究從「臺灣」觀點出發，探究婚姻移民女性所處的國際政治經濟脈絡、臺灣生活適應，以及所生子女的健康狀況及教育與輔導，而得以了解婚姻移民女性之原生文化背景、社會階級與社會價值觀（張翰璧，2007）。

（二）跨國通婚與婚姻移民

　　臺灣學術研究針對婚姻移民的研究從 1990 年代開始至今已

有一定程度的累積，夏曉鵑的博士論文 *Selfing and Othering in the "Foreign Bride" Phenomenon—A Study of Class, Gender and Ethnicity in the Transnational Marriages between Taiwanese Men and Indonesian Women*（1997）為相關研究做一個開端。張曉菁（2022）以「臺灣博碩士論文知識加值系統」回顧歷年來新住民研究的現況與找出其趨勢，發現臺灣自1999年首次出現相關論文。同樣在1999年，政府認為婚姻移民對臺灣人口結構與家庭產生影響，因此提出相關政策因應，內政部於1999年方始訂定頒布「外籍新娘生活適應輔導實施計畫」，2003年修訂為「外籍配偶生活適應輔導實施計畫」。不論是與婚姻移民相關的學術研究抑或是政府政策，皆於90年代末期出現，意味著婚姻移民在該時期已構成一個顯著的現象。不過，由於就人數上來說，以中國與東南亞居多，因此在研究產出方面多為這些區域，而東南亞的研究又多於中國，林開忠與王宏仁（2006）認為研究者似乎預設了中國籍配偶因與臺灣「同文同種」較無適應問題，因此研究較少。此外，婚姻移民亦包括其他國家，但目前僅有零星研究，例如俄羅斯婚姻移民（王劭予，2006）、日本婚姻移民（小宮有紀子，2008、蕭心屏，2010）、韓國婚姻移民（李惠蘭，2004），對男性的研究更少，例如林漢岳（2006）所研究的東南亞籍男性婚姻移民。

雖然臺灣婚姻移民相關研究因為學科（社會學、教育學、護理學、人口學、法學等）、認識論觀點（從臺灣角度出發討論婚姻移民適應問題與子女教育問題、從宏觀政治經濟剖析跨國通婚何以發生或從社會結構探究移民主體位置、從中層角度分析族群

文化影響、從微觀層面探尋個人生命經驗等）、研究方法（質性或量化分析）有所不同。然而，筆者認為在進入與婚姻移民相關研究首要的問題在於知識社會學的探究，雖然該研究的出現晚於從批判性角度出發的政治經濟架構，但是在研究中如何指稱婚姻移民及如何概念化婚姻移民，凸顯的是婚姻移民在臺灣的社會位置，且與臺灣社會及政策的變化有關。

林開忠與王宏仁（2006）比較東南亞臺商與婚姻移民在研究議題、理論架構和概念的相同與相異之處，且針對這些研究所隱含有關族群、階級以及性別的預設進行知識社會學的考察。研究目的之一在於檢視這兩類移民研究的學術現狀，目的之二則是透過這兩類研究的對比來探討研究者可能面對的限制，也許是在知識積累方面，抑或是研究者並未意識到的社會結構限制。與本書相關之婚姻移民的重要論點在於「中華文化民族主義」與「階級視角」影響了研究成果：首先，就研究數量來說，臺灣與中國通婚與中國籍婚姻移民少於臺灣與東南亞通婚與東南亞籍婚姻移民，表示研究者預設「同文同種」的中國籍配偶在臺灣的生活、社會、文化和婚姻的適應上比起東南亞籍來說較不構成問題，連帶地，中國籍婚姻移民子女的教育問題亦較少討論。而且若將婚姻移民與臺商相關研究相較，多數論文討論的是婚姻移民的適應及其子女教育問題，這隱含的是階級主義──臺商因為是專業人才跨國移動，因此預設其無適應問題，也由於臺商的較高教育程度，其子女被假定有較高的學習能力與較佳的課業表現。其次，在社會網絡方面，雖然婚姻移民與臺商皆有社會網絡，但前者多

受到親友與仲介的影響而不見其能動性，然後者卻有能力運用其社會網絡與社會資本累積自身資本。

　　林開忠與王宏仁（2006：8-10）的研究中與本書息息相關之處之一在於「在地關係—族群關係」，臺商研究中多談到臺商與在地族群關係，其中多與工廠內部族群關係與族群分工有關，然而在當時兩位作者所撰寫文章出版的2006年來說，鮮少觀察到婚姻移民與臺灣在地的族群關係，這點亦見於曾嬿芬（2007：80-82）的討論，她同樣以知識社會學角度出發探究臺灣移民社會學，提出移民社會學與族群關係應開啟彼此的對話。不論是林開忠與王宏仁（2006）抑或是曾嬿芬（2007），皆認為應將婚姻移民納入臺灣在地族群關係內的討論，如此可以從嶄新的角度思考婚姻移民對於臺灣族群關係的影響。此外，本書認為亦可透過婚姻移民的存在檢視臺灣社會的人群分類以及其是否為一個「族群」的討論（參閱第一章）。

　　其二，「在地關係—性別」（林開忠、王宏仁，2006：8-10）亦與本書相關，在該研究中提及婚姻移民因為就是透過婚姻而移民，因此多會提及她們在進行移民決策時對於自己母國社會性別關係的看法。由於臺灣與婚姻移民相關研究以印尼與越南居多，研究者亦會從「中華文化民族主義」角度預設婚姻移民受到儒家文化的影響，彷彿婚姻移民的原鄉文化是真空不存在的，因此我們應該注意到其母國社會之性別角色與關係。

　　其三，林開忠與王宏仁提出有關社會／政治與身分認同的議題，他們發現截至2006年的研究來說，較多針對婚姻移民的探

討，特別是中國籍女性移民，相對來說，東南亞臺商較少，而在中國臺商較多，其反映了兩岸關係影響學者在議題選擇的考量。而與本書相關的婚姻移民，如來自印尼的華人則認為自己與臺灣人皆為同文同種，亦有學者認為如此身分認同應該只是婚姻移民眾多的認同之一。

　　林開忠與王宏仁（2006）的論點主要從知識社會學檢視與反思研究者帶有「中華文化民族主義」與「階級視角」而影響了研究觀點與學術產出。更甚者，婚姻移民常被視為毫無能動性，缺乏社會資本的群體。本書認為，跨國移動過程中的權力階序將有助於體現婚姻移民在身為主體與面對結構影響之下的能動性。Patricia R. Pessar 與 Sarah J. Mahler 合著的 "Transnational Migration: Bringing Gender In"（2003）將性／別的觀點帶入跨國移民的研究，他們從 Doreen Massey 的「權力幾何學」（power geometry）發展出「性別權力的地理學」（Pessar and Mahler, 2003：816）。以此作為理解跨國移民的架構，可以幫助我們理解女性移民在跨國移動的過程中背後所牽涉的在各種不同場域內的權力階序，其中尤其受到國家、社會位置與個人動機的影響。筆者認為 Pessar 與 Mahler 的觀點可以描繪移入臺灣的印尼客家女性在跨國婚姻中的移動過程之外，還可觀察到她們在臺灣所在社群結構位置，因為這會影響到她們與主流文化協商的能力。

　　若就國家權力結構而言，移入臺灣的印尼女性婚姻移民與臺灣主流文化協商的能力與「臺灣新國族主義」之中所蘊含的排他現象有關（廖元豪，2009）。廖元豪在其〈全球化趨勢中婚姻移

民之人權保障：全球化、臺灣新國族主義、人權論述的關係〉
（2009）中分析由於在臺灣強調臺灣主體意識與新國家認同的同時，面臨著全球化浪潮下的「去國家化」、「去領土化」之權力重組過程所帶來的挑戰。這個挑戰打擊了具有強烈國族意識者的「國族」尊嚴，再加上國族建構下需要清楚的「我族」與「他者」的區分，因此，婚姻移民女性成為受挫的臺灣國族主義的代罪羔羊（廖元豪，2009：189-193）。此外，她們除了因為以本土種族主義（nativism）為基調的移民政策使其人權未能被維護，更因為其在未歸化前的外籍身分、位居「全球膚色階層」低階、來自貧窮國家並與臺灣中下階層男性結婚、並為依賴男性養家活口的第二性（女性），而遭受外籍、種族、階級與性別交錯的多重歧視（廖元豪，2009：191-192）。

在多數與女性移民相關的研究之中，常會提到的研究動機與在移入國移民人數逐漸增多有關之外，主要研究目的在於彰顯移入女性的主體性與能動性（例如Constable, 2005、Thai, 2005、Wang, 2007、Williams, 2010），而非純然如主流社會所認為的係因「經濟」因素而嫁至異鄉，一方面為女性移民去汙名化，另一方面則因此凸顯移入國在政策制度與一般論述中的「我族中心」觀點。例如夏曉鵑（2009）將在《臺灣社會研究季刊》歷年所刊登與移民／工課題相關的文章集結成《騷動流移》一書，夏曉鵑在書中強調，這些文章秉持著與主流論述不同的立場，以批判性的角度出發，與為移民／工權益奮鬥的社會運動團體同舟共濟、並肩作戰，拒絕成為制度暴行的共犯（夏曉鵑，2009：2）。目

前臺灣國內的婚姻移民女性研究如上述夏曉鵑所言，多著重於拆解臺灣移民法令背後的帶有「階級主義」、「種族主義」意識形態。同時，關注在世界國際政治與經濟發展下，因應資本主義發展所帶來的勞動力生產、再生產面向，以及意識形態面向，還有將移民階級化的議題。此外，國族主義的排他性與保守態度不僅得以上述廖元豪的研究為例，婚姻移民女性被視為因受到全球化衝擊而無法成功的臺灣國族建構之情緒宣洩出口；亦挑戰傳統「公民權」的認知。最後，雖然移民／工在臺灣生活多有限制，然而不能忽略的是其有作為主體的認同建構過程與反抗策略。除了形成組織、參與社會運動為自己爭取應有的權利之外，在消費行為上的能動性亦是可以觀察到移民／工的主體性。

夏曉鵑（2009）與廖元豪（2009）從移民與臺灣國族主義的關係之討論可以提供我們檢視婚姻移民在國家權力架構下的位置與處境，龔宜君（2019）的研究則轉向婚姻移民在所處的社會中受苦與受害的經驗。本書認為，龔宜君的論文發表於2019年，大約是臺灣開始出現婚姻移民研究後的二十年，這過程中的相關研究對於婚姻移民的認識論觀點大致上可分為兩類：一類是如夏曉鵑（2002、2009）等以批判的角度分析婚姻移民在臺灣的不平等地位，同時以自身的實踐觀點或行動研究討論婚姻移民賦能（empowerment）的過程（夏曉鵑2003），或如林津如（2012）[3]

3　林津如（2012）在《人文與社會科學簡訊》中介紹其國科會計畫〈性別、文化與族群：跨國婚姻家庭關係與新移民的女性認同形構〉相關內容與研究產出。

與婚姻移民組織合作，進行合作研究，以讓婚姻移民為自己發聲，或是其他研究彰顯婚姻移民係具有能動性的主體（例如唐文慧、王宏仁，2011）。另外一類則是較以臺灣本位主義出發，探討婚姻移民生活適應及其子女教育與照護議題。此外，與此同時，臺灣政府針對婚姻移民所提出的相關政策從內政部於1999年訂定頒布「外籍新娘生活適應輔導實施計畫」（2003年修訂為「外籍配偶生活適應輔導實施計畫」）到2016年經修正且更名為「新住民照顧服務措施」，表示政府對於婚姻移民的態度已從「外籍」轉化為是臺灣社會一份子中的「新住民」。但這些政策上的轉變夾帶的是政府透過媒體放送婚姻移民在臺灣「努力適應→家人支持→融合→拼出美好」的「日久他鄉變故鄉」生活公式，正如龔宜君在文中所批判的，如此作法可謂為技術官僚的治理巫術（2019：74），彷彿婚姻移民在臺灣已經完全沒有任何問題。

綜而言之，龔宜君（2019）探究來臺越南婚姻移民的受苦問題及探究其社會根源的社會學研究視角有兩層意義：其一，在學術研究方面，如作者本身所言，目前在學界中有關臺越婚姻移民的研究，多從理性行動、培力和抵抗討論婚姻移民面對受害情境時的個體能動性，而忽略了事實上受苦經驗也是具有能動性的，並非如多數研究中所呈現的積極的理性行動與抵抗才具有能動性。其二，在政策方面，臺灣的婚姻移民政策之「正面」成果可說是擁抱多元文化主義的表現，而龔宜君的研究（2019）提醒我們，在如此嘉年華式的歡樂或溫馨氣氛背後，底層婚姻移民的受

苦經驗不應該被抹滅，在政策上應該更加以正視結構性問題，進而使得婚姻移民受到更多的理解。

在婚姻移民相關研究上，除了從國家、社會的結構性角度探究之外，另外則有從國際角度進行比較結構、制度與相關議題。若以包括婚姻移民與移工的研究為例則有夏曉鵑與日本、南韓學者（2016）合編的 *Multiculturalism in East Asia: A transnational exploration of Japan, South Korea and Taiwan*。該書以跨國比較的視野，重新思考東亞的多元文化主義。在導論中以移民角度討論日本、南韓與臺灣的多元文化主義。移民包括婚姻移民與移工，從三國的移民政策皆可觀察到強調血緣的共通性、單一族裔概念的公民身分（a mono-ethnic notion of citizenship）以及對移民的保守態度。

另外，在 Hong-Zen Wang 與 Hsin-Huang Michael Hsiao （2009）合編的 *Cross-Border Marriages with Asian Characteristic* 以及 Melody Chia-Wen Lu 及 Wen-Shan Yang（2010）合編之 *Asian Cross-border Marriage Migration: Demographic Patterns and Social Issues* 皆提到東亞或亞洲跨國通婚的共同之處。在一般情況下，人們通常認為跨界或跨國通婚發生在不同文化之間。然而，實際上，在相同文化或族裔身分之間也存在跨界或跨國婚姻。這種婚姻是跨國通婚的一個特色，而東亞地區也不例外（Wang and Hsiao, 2009：3）。例如，在臺灣有臺灣與中國之間的通婚，以及臺灣客家與印尼客家之間的通婚。東亞與其他地區共同具有的跨國通婚特色還包括「上嫁」現象和跨國婚姻中的陽剛文化（Wang and Hsiao,

2009：3）。「上嫁」通常指的是經濟較差國家的女性嫁給經濟較好國家的男性（Lu and Yang, 2010：15）。東亞通婚的特點主要包括以下三點：首先，婚姻不僅僅是個人的選擇，它涉及到家庭和社群，因此需要通過婚姻來繼承家業和傳宗接代。其次，婚姻中的女性與公婆同住，因此男性通常選擇具有傳統特質的媳婦，以便照顧自己的父母。如此家庭結構是東亞儒家文化的產物，這種意識形態下的性別關係影響著婚姻移民女性在家庭和公共領域中的地位。第三，東亞國家只允許通婚移民，否則可謂幾乎沒有移民政策（Wang and Hsiao, 2009：5-7）。此外，另一個特點是通過商業仲介進行的婚姻（Wang and Hsiao, 2009：7-8），但也有其他透過社會網絡媒介而形成的婚姻（Lu and Yang, 2010：15）。

　　國際比較的觀點亦可將研究對象擴及到不同階級與不同族群，如邱琡雯在其專著《出外：台日跨國女性的離返經驗》（2013）中以「性別與移動」、「性別與觀光」領域作為研究架構，分析臺日兩國的女工、女性移民、女遊、女性解說員如何在「送出國」、「接受國」以及「客方社會」、「主方社會」的角度下，建構橫跨不同國家、階級與族群的生命經驗。其中，與本書相關的研究為〈多元文化週的新移民女性〉與〈「移民區病理——網絡集結點」的衝突與克服：在台越南女性的店家〉提供了另一種觀看婚姻移民女性的角度。因為這兩篇文章皆將婚姻移民女性帶出了傳統論述中的「夫家」、「家庭」、「教室」場域，並著重於從研究對象與臺灣人的互動之中，如何建構自身認同的

過程、變化與自我肯定。值得注意的是，邱所呈現的新移民女性並不全然是在與移民社會互動下的受壓迫者或毫無能動性的客體，而是透過不論是多元文化週的展演或是自營店家展現新移民女性在臺灣一般社會論述與學術研究中較少被注意到的個人特質，以及她們如透過不同策略去讓臺灣社會了解其原生文化或扭轉臺灣人對她們的負面印象。

綜上所述，以上研究可以一方面提供本書如何了解印尼客家女性在宏觀架構下，如何因為全球化資本主義下的國際政治經濟發展、臺灣國家機器以及「本土種族主義」及「全球膚色階層」意識形態的影響而被同質化與本質化為「外籍新娘」。另一方面可從不同角度觀察婚姻移民女性在臺灣社會的位置，包括她們如何被臺灣社會排拒以及「他者化」，至於婚姻移民在公共領域的經驗（例如參與臺灣公民運動、為自己爭取權利、多元文化週的展演經驗），則是本書未能顧及的，這與臺灣客家研究中的婚姻移民研究發展以及本書研究對象社會屬性有關，容後再述。而林開忠、王宏仁（2006）、林津如（2012）以及龔宜君（2019）的研究皆在提醒筆者檢視自身對於婚姻移民的認識論觀點與讓底層婚姻移民的普遍生命經驗被看見（參閱本書第一章）。

（三）臺灣客家跨國通婚

1. 臺灣婚姻移民研究與臺灣客家婚姻移民研究之差異

與臺灣婚姻移民研究相較之下，客家研究中與婚姻移民相關研究有以下兩點差異：首先，研究出現的時間落差。在2000年

之後才出現，兩者之間出現的差距大約有十年之譜。張翰璧（2007）的著作《東南亞婚姻移民與台灣客家社會》可被視爲臺灣客家研究相關議題之最早的專著[4]。之所以會晚十年的原因之一在於臺灣客家知識體系開始建構時間較晚，大專院校客家研究相關系所的設置始於2003年設立的國立中央大學客家學院。另一個原因則是與客家研究中的女性與性別研究變化有關。在早期西方傳教士眼中，以及在1990年代以前的客家研究中，客家婦女被描述爲勤勞耐苦的形象（張翰璧，2007）。這樣的讚譽強化了客家族群的優秀特質，試圖改變19世紀末至20世紀初客家人被貶低爲非漢族的負面觀點（施添福，2013；林正慧，2015）。然而，在1990年代之後，相關研究開始從巨觀的社會結構角度檢視這些正面形象是否眞正反映了女性的眞實心聲和她們自己所追求的（夏曉鵑，1994；鍾永豐，1994；鍾秀梅，1994）？抑或是族群框架是否束縛了女性的發展與選擇。2000年之後，受到女性主義和新史學研究的影響，客家女性研究開始從日常生活的角度來理解女性的經驗，並進一步解構了「客家」的概念，同時建構了更多元的「客家」形象（張翰璧，2007）。這些研究反思了早期對客家婦女的詮釋方式，並提出了更多樣的觀點，以呈現客家女性的多樣性和個體差異。這種轉變有助於深入理解客家族群內部的性別關係和女性的地位，並促進了對族群認同建構的思

---

4 雖之前已有非正式出版的碩士論文，如謝淑玲（2005）、張雅婷（2005），但由於張翰璧（2007）是正式出版的學術專書，因此本書將之定位爲最早專著。

考。在如此轉變之下，張翰璧（2007）將婚姻移民置於臺灣客家性別研究的範疇之內，說明臺灣客家研究中的轉變，另一方面為婚姻移民找到新的定位，也因為她們在夫家負起的文化再生產角色而將之轉化為「新客家婦女」。

其次，研究產出形式與議題。與臺灣婚姻移民研究相較，目前臺灣客家研究中與婚姻移民相關研究以碩士論文居多，然而正式出版的研究為數不多，僅有前述的張翰璧（2007）之外，尚有張亭婷、張翰璧（2008）、鍾鎮城、黃湘玲（2011）、鍾鳳嬌、黃秋菊、趙善如、鍾鳳招（2011）、胡愈寧、張瑞蘭（2012）、黃文樹（2015）朱惠珍（2016）、王俐容、鄧采妍（2017）、蔡芬芳（2017）、劉堉珊、劉瑞超、張維安（2022）。研究議題以文化再生產、語言使用、認同建構與文化經驗為主，惟劉堉珊等（2022）將婚姻移民從之前研究中的家庭場域文化再生產架構下帶領至公共領域進行討論。如此研究發展也凸顯出臺灣客家研究之婚姻移民研究與臺灣其他研究不同之處，在客家研究中少從國家與社會宏觀層面討論婚姻移民權益等結構性問題，而是以中層族群文化切入，這意味著在某個程度上，特別是印尼客家婚姻移民，因為她們與臺灣客家男性「跨國未跨種族」的通婚（張翰璧，2007），她們的語言使用與生活文化被納入臺灣客家我群。國際上類似的跨國但為相同族裔通婚研究見於 Oxfeld（2005）、Schein（2005）、Freeman（2005）。而在臺灣與臺印通婚相對的研究則是臺越通婚，其所採取的政治經濟取向（張書銘，2002；蔡雅玉，2000；張鈺平，2004）與臺印所採之文化取向不同，抑

或是在探討婚姻媒合仲介時，張書銘（2002）從越南婚姻移民有關的仲介業之運作中，提出經濟利益取向與最大利潤之市場化是臺越婚姻網絡特色，或是蔡雅玉（2000）與張鈺平（2004）皆認為臺越婚姻與經濟取向或政治經濟有關。相形之下，臺印在婚配對象的選擇上所考慮的是客家文化要素（客語），這被認為是臺印跨國婚姻之客家通婚的獨特之處。

　　然而，本書在第四章中將透過信仰基督教的婚姻移民重新檢視臺印客家通婚中的文化因素，但在此欲先提出相關思考。以「共同性」來了解臺印客家建構而成的跨國網絡，可以觀察到「文化」確實是提供有不同於政治經濟或是資本主義（例如夏曉鵑，2002）的觀點，然而，若純粹就文化層面來說，目前既有研究強調的是臺灣客家與印尼客家之間的相同性或是相似性。然而，在此我們需要了解為何在這強調相同的背後，卻少見相異，但事實上，差異的確是存在的。因為文化概念最有價值的特徵就是差異的概念，它是關於事物是對比的，而非實質的特質（阿帕度萊，2009：19）。將文化建構為人類真實並具象化根源於西方傳統思考模式，其始終容易傾向將非物質的現象視為具體存在實體（Handler, 1984：56；許維德，2013：15）。除了文化概念之外，國族、社會概念亦有同樣作用（Handler, 1984；許維德，2013：16；Wolf, 1982：3）。因此阿君・阿帕度萊[5]（Arjun

---

5　因為本書所引用的書籍已經將Appadurai譯為阿帕度萊，因此在此使用其中文譯名，其他學者皆直接使用其未經中譯的原名。

Appadurai）提出，我們應將文化當作形容詞——「文化的」，強調將文化視爲現象的某一向度，而非實體，如此觀點讓我們不需將文化想成是個人或群體的特質，而更能視之爲一啓發機關，可以運用它來談論差異（阿帕度萊，2009：19-20）。

臺灣與印尼雖共享客家之名，同時對於移民至臺灣的印尼客家女性婚姻移民來說，將自身印尼客家環境與臺灣客家比較之下，得到的答案往往是「都差不多」，然而細究之後，又會得到「又不太一樣」的說法（蔡芬芳，2017，見第四章）。例如，語言上雖然皆爲客家話，但卻有著不同的腔調與用法，更甚者，不論是臺灣客家話或是印尼客家話皆受到在地環境影響而發展有異，例如印尼客家話會參雜當地印尼語。如此的差異是我們在觀察臺印客家時需要注意之處，特別要正視印尼客家女性之母國社會文化脈絡在其身上所產生的作用與影響。以形容詞「文化的」作爲進入臺印客家跨國網絡中的文化關係的起點，將可以達到阿帕度萊所強調的脈絡、啓發與比較的向度（2009：20）。而將文化的觀念視作差異，特別是群體身分領域中的差異（阿帕度萊，2009：20）。此外，當我們避免將文化視爲實體，而透過 Eric Wolf（1982）的觀點，將文化視爲一連串的關係，以及將文化放回其源自的脈絡中，如此方能不加以論斷，而強化理解（Wolf, 1982：3）。

以文化的角度來理解臺印客家跨國網絡，提供我們一個有別於以政治經濟角度出發的觀點，且讓我們開始思考如此跨國網絡通婚是否有客家特性的問題，以及注意到文化在跨國通婚上所產

生的作用。此外，從臺灣客家族群的觀點出發，來自印尼與臺灣客家男性通婚的客家移民女性由於以客語爲母語，因此在以客語爲重的客家文化傳承上，扮演關鍵角色。然而，筆者認爲，「認定」或是「預設」印尼客家移民女性「想當然爾地」傳承客家文化，在某個程度上，一方面忽略了其植基於原生文化與社會脈絡的能動性，亦即印尼社會對於移民女性所發揮的影響力；另一方面，未能正視移民女性身爲移入臺灣之移民對於她們在對外語言使用、社會互動上所產生的作用，尤其是特別重視學習「國語」（mandarin），以期待融入臺灣社會。更甚者，筆者亦認爲，由於臺灣客家族群長期以來以「文化」作爲族群關懷核心，同時也是臺灣客家人認定自我身分的來源，但就某個程度來說，由於客語流失現象導致臺灣客家族群有「文化焦慮」（"cultural anxiety"）（Grillo, 2003），因此當同樣身爲客家人的外來移民，加上又被視爲「集體意識形態再生的主要參與者及文化傳遞者」（Anthias and Yuval-Davis, 1989：7）的女性進入臺灣客家社會之後，則被賦予維繫與傳承客家文化與語言的重責大任。

2. 跨國通婚中的客家何以可能？

如上所述，目前臺灣客家研究中與跨國通婚相關研究產出除了少數的正式出版之專書、專書論文與期刊論文之外，其餘多爲碩士論文。筆者搜尋「臺灣博碩士論文知識加值系統」，最早出現的一篇爲2005年，直到2022年，一共30篇碩士論文。依序是通婚網絡（2篇）、社會／文化／生活適應或經驗（15篇）、語言議題（4篇）、認同建構（5篇）、子女教育與教養（2篇）、

在地位置與族群關係（2篇）。將碩士論文加上前述專書一本、專書論文3篇與期刊論文6篇，可歸納出前述六個主題，在其中客家跨國通婚的「客家性」如何展現？以下分述之[6]。

（1）通婚網絡

如前所述，臺灣印尼客家通婚屬於「跨國但未跨種族」性質，因此語言相通、相同族群身分是臺印客家通婚之所以發生的原因之一。但通婚因素不只如此，而如夏曉鵑（2002）提到嫁到臺灣的印尼女性多是西加里曼丹的華裔，而且多數爲客家人。尤其隨著1990年代開始，臺灣對印尼投資的增加，印尼籍外籍配偶大量增加，不僅多爲客裔，而臺灣男性亦多爲客家人，始自北部，而後擴及中南部的客家聚落（夏曉鵑，1995）。夏曉鵑（2000）主要從宏觀之政治經濟架構與資本國際化，以及臺灣與東南亞（如越南）在地因爲政策與制度影響到人口結構、就業與移動來分析臺灣與東南亞國際婚姻爲何發生。除了語言文化因素、國際政治經濟因素之外，根據本書研究對象觀點，印尼長期排華政策與氛圍亦是促使她們移動的原因之一。然不論原因如何，婚姻移民跨海通婚主要目的在於「尋找一個較好的生活」（"Cari Kehidupan Lebih Bagus", Hertzman, 2017：188-209）。

張雅婷（2005）從跨國婚姻仲介研究分析臺印客家通婚產生的原因及其特質。張雅婷以南投縣國姓鄉南港村爲例，其研究發

6　在分析時並未將所有論文納入，而是以是否切合行文脈絡而納入討論。

現告訴我們，同樣都爲客家人的身分對於造成臺印客家人通婚具有一定的影響力，然而，尚有其他因素使然。最初因爲村內有人率先與印尼客籍女性結婚，村民認爲該名女性勤奮、耐勞，因此村內適婚男性開始依循臺印聯姻模式，建立家庭。爾後該村這第一對臺印夫妻扮演起臺印婚姻仲介的角色，主要的原因與親族與朋友關係的信任、良好的仲介形象有關，以及在與越籍以及中國籍配偶相較之下，印尼客家女性因爲在語言上與夫家溝通無礙、不會像越籍配偶結黨成群，而且個性乖順、勤勞等使得當地居民特別偏好與印尼客家女性通婚。從張雅婷（2005）的研究中，可以看到與臺灣其他外籍配偶不同之處在於臺印客家通婚的網絡具有因文化、語言、華人血統所勾勒出的特質。

劉聰穎（2010）同樣以臺灣中部客庄爲研究場域，將研究視角轉向討論擔任仲介的「阿發叔」在當地臺印跨國通婚網絡中扮演的角色是「商業掮客還是傳統媒人？」與張雅婷的研究（2005）相較，劉聰穎（2010）更深入探究在客庄中如「阿發叔」的跨國婚姻仲介業者的角色，研究發現從原來由「工具理性」動機驅動的「商業利潤」，在當這些婚姻移民不再是「新娘」，「阿發叔」也不再是仲介時，帶有「父愛」的關懷的「情感性」的態度取代了「工具理性」，協助傳遞臺印兩地的情感（含物品及訊息）、深入家庭協助處理清官也難斷的家務事、協助婚姻移民回娘家事宜。另外，跨國婚姻家庭之間的往來關係因爲這些「跨國婚姻」得以重新活化，甚至更加擴大；對回歸務農的「阿發叔」而言，這些擴展的人脈也給了他一個新的未來；因

此，從「阿發叔」經營的「跨國婚姻」媒合讓舊有人際網絡更加緊密，新的人際網絡得以建立。

張雅婷（2005）與劉聰穎（2010）皆以跨國通婚仲介作為探討議題，前者提到與臺越婚姻仲介相較之下，臺印仲介型態組織較為簡單，而是仲介個人特質及其自身網絡扮演重要角色，而後者則是更進一步凸顯仲介角色的轉化。由此可見客家跨國網絡中較趨向以「人」作為重要因素。

（2）社會／文化／生活適應或經驗

婚姻移民之社會、文化與生活適應或經驗層面在所有研究主題中佔最大比例，筆者認為原因有二：一方面與臺灣其他婚姻移民研究同樣地帶有臺灣本位主義出發[7]，了解婚姻移民在臺灣「適應」的情況；另一方面則是因為「文化親近性」，致使臺灣客家研究者企圖了解同樣身為客家人的婚姻移民在客家族群重視的文化傳承經驗與角色。這兩個原因出自於臺灣角度，以臺灣客家為主，在此研究者需要以反思性檢視自身的認識論觀點（參閱上一節），然而，筆者認為在實證上的意義係透過了解同樣為客家的婚姻移民之文化實踐與文化經驗，最具意義之處首在透過婚姻移民在其家鄉的經驗揭示客家內部的異質性，同時亦凸顯全球客家的多樣性。此外，在理論上的意義則是張翰璧（2007：

---

7 對於被歸納在「新住民」標籤下的婚姻移民多來自中國與東南亞國家，在國際政治經濟階序下，再加上「上嫁」邏輯，容易被認為「應該」要適應臺灣生活，在研究中亦常見到婚姻移民敘說自己在日常生活實踐上需要「適應」夫家，例如烹調食物時的口味調整。

6-8）在其專著中提到的，跨國通婚的研究多以民族國家作爲架構，探討跨國婚姻中女性移民的社會適應，強調的是對婚姻移民有所影響的政治或是經濟過程，卻忽視社會文化層面的作用。跨國婚姻中的社會文化影響，指的是婚姻生活中不同社會或族群團體間的文化接觸，以及文化接觸對不同社會或族群文化再生產的影響。其中主要關注的是作爲「家庭」建構者的婚姻移民如何影響在地文化？家庭內的文化再生產與權力關係如何受到國家政策與社會文化的影響（張翰璧，2007：6）。

張亭婷（2008）之《外籍配偶與客家文化傳承》延伸了張翰璧（2007）的觀點，從文化層面理解婚姻移民女性，聚焦於跨國婚姻與文化影響的關係，張亭婷以客庄中日益增多的外籍配偶爲研究對象，以飲食烹調爲日常文化實作的場域，探索越南籍與印尼籍配偶，在文化再生產的過程中對客家文化的傳承產生何種影響。相當值得一提的是，張亭婷注意到以國界來區分外籍配偶無法細緻區分外籍配偶內部的差異性，因爲在該研究中的越南籍配偶（非華僑）則是屬於跨國又跨界（張亭婷，2008：41），印尼籍配偶因其背景爲客家華僑，因此屬於跨國未跨界，而又因爲她們各自不同的原生文化背景，影響了客家文化傳承。更重要的是，我們看到外籍配偶因其文化傳承的角色而擴充了「客家婦女」的意涵。

其他類似研究如謝淑芳（2010）、何韋君（2016），然後者進一步比較印尼與越南婚姻移民臺灣閩客家庭中的文化適應與文化再生產。由其研究結果發現，不論閩客，因爲都是相對於婚姻

移民的主流社會群體，再則是婆家與媳婦之間的相對關係，因此在語言、飲食與祭祀方面並非以閩客家庭作爲差異對照對象，反而是印尼與越南婚姻移民的華裔（客裔）與非華裔身分導致差異產生。這與嫁入客家家庭之泰籍婚姻移民情形一樣，華裔與非華裔身分在適應上是有差別的（覃培清，2011）。

若談到婚姻移民生活適應方面（劉惠萌，2010、彭美琪，2013），則涉及婚姻移民參加識字班是否影響其就業議題（邱瑞紅，2007），甚或是新移民如何微型創業（例如開設小吃店、美容美甲、直銷、翻譯與玉石買賣）的過程（朱惠珍，2016）。這些議題大多涉及婚姻移民在臺灣生活上所遭遇到的問題，例如與婆家相處的情形，在語言、飲食、宗教信仰以及孩子教養上需要磨合與適應，而婚姻移民因爲在剛到臺灣來時屬於依賴人口，因此透過參加識字班以及就業或是創業，則成爲自我賦權的可能。在創業過程中，例如開設小吃店，越南婚姻移民製作與販售家鄉料理，然同時與客家文化連結，例如向客家婆婆學習客家料理，反而吸引當地客家人光顧（朱惠珍，2016）。婚姻移民除了透過走出家庭學習與就業尋找自我之外，參加教會亦是幫助她們適應環境以及克服生活困難的方式之一，基督教會在此扮演一重要的角色，不僅讓婚姻移民心靈上有所寄託之外，也能夠輔導孩子的課業（王素華，2015）。

（3）語言議題

語言向來是客家研究中主要關心的議題，因爲咸認語言保存與文化傳承緊密相關。在與語言相關議題的論文中，除了以婚姻

移民作爲研究對象之外（吳孟燁，2013；黃玉玲，2013；羅枝新，2016），另有以婚姻移民子女作爲研究對象的研究（胡愈寧、張瑞蘭，2012；陳明珠，2012），除了羅枝新（2016）是從聲學角度研究越南移民的客家話聲調之外，其他議題與語言能力及語言態度有關。然而，與其他研究主題以客家婚姻移民爲對象較爲不同的是，語言議題之研究對象是客家地區的婚姻移民，原國家來源包括中國與東南亞國家。吳孟燁（2013）以苗栗公館作爲研究地點，黃玉玲（2013）則以較大範圍的桃竹苗爲主。吳孟燁（2013）調查85位來自印尼、越南、泰國、菲律賓、馬來西亞的婚姻移民的語言能力，發現華語位階高於客語，且客語逐漸轉向華語，但值得注意的是，由於是在客庄，因此客語有助於移民融入當地。客家婚姻移民對於客語有較高的忠誠度，亦希望將客語傳承給孩子，然子代受到華語優勢影響，客語依舊流失。黃玉玲（2013）以50位進入臺灣客家家庭後學習客語的婚姻移民爲研究對象，包括越南籍、中國、緬甸、泰國、柬埔寨、印尼、馬來西亞非客語母語人士而是後來具有客語基本溝通能力。家庭環境對於移民學習客語有所助益，在家庭場域之外學習則是透過鄰居、工作場域裡中年以上的同事及顧客。

胡愈寧、張瑞蘭（2012）、陳明珠（2012）以跨國通婚子女爲主，前者以30位苗栗小學生爲研究對象，並與30位臺灣家庭子女對照，探究通婚子女的語文能力與生活適應狀況，發現與本國人所生子女無異。但差異之處在於客家婚姻移民家庭經濟狀況較爲弱勢，處低社經地位。至於客語方面，小學生以客語與祖父

母溝通，但以華語與父母溝通，因此縱使是在客庄，客語流失依然嚴重。陳明珠（2012）以高雄作為研究場域，同樣以30位小學生為研究對象，其中值得注意的是，若與祖父母同住，學童的客語能力較佳，而且如果客語能力佳，會影響到學童學習客語的情感認同與行為表現，再則，在校參加客家社團活動者的客語能力較優。

（4）認同建構

從 Constable（2005）、Thai（2005）開始，讓我們注意到跨國婚姻的發生並非純粹是主流社會所認為的「經濟」因素。我們應該從女性移民與移入社會及其夫家的互動之中，如何建構自身認同的過程、變化與自我肯定，凸顯移民的個人特質，以及她們如何透過不同策略去讓移入社會與夫家了解其原生文化或扭轉主流社會對她們的負面印象。[8] 女性婚姻移民具有的能動性與主體性則在一次次的與主流社會或與夫家的協商之中展現。在這不斷進行的協商過程中，印尼客家女性婚姻移民的自我認同亦因與外在環境互動而建構。例如鄧采妍（2006）的研究則為一例，她從印尼客家女性婚姻移民的生命經驗，探究其遷移過程對於她們的認同產生的影響。在移動後，她們的日常生活產生何種文化混雜現象。無論是移動前後，印尼客家女性婚姻移民的認同會受到社會情境與社會關係影響而變化，此外，地域、原生家庭、夫家態

8　例如邱琡雯（2013）的討論。

度亦是影響因素。在日常生活中，印尼客家女性婚姻移民經常是在不經意的情況下衍生出文化混雜與不同文化經驗的連結，她們認同的多樣與混雜性亦因此顯現。對印尼客家女性婚姻移民來說，跨國的族內通婚對她們具有重要意義，因為她們會刻意強化一個在母國並不重要的認同選項[9]，以「客家」融入在臺生活，因此通婚對於女性的族群認同轉變極具影響力。

外在環境影響認同建構尚包括語言的使用，亦是從文化角度觀察臺印客家通婚中婚姻移民建構自我認同的切入點。鍾鎮城、黃湘玲（2011：693-716）以高雄縣美濃鎮客籍婚姻移民女性為例，研究發現她們在日常的口頭語言使用上，都以客語及華語（在臺灣學習華語）為最主要溝通語言，但在書面語言使用則以華語為主。印尼婚姻移民女性原先就認同客家人身分，與臺灣家庭的日常生活互動、溝通語言以客語為最初選擇，相同語言（客語）連結到彼此相同族群（客家人）的認知，這是多數印尼婚姻移民女性的共通點（謝淑玲，2006）。

然而，與臺灣人結婚的客家婚姻移民並非僅是來自印尼，尚有來自中國的客家女性，兩者雖皆為客家人，然其在認同與自我形塑有其相同與相異之處。謝淑玲（2006）與鍾鳳嬌等（2011）在比較中國與印尼客家婚姻移民之後發現與臺灣共通的客語減少

---

9 東南亞客家主要為「差異認知」，然而「族群意識」尚未形成，一方面是因為就歷史、社會與政治等環境結構的角度而言，東南亞客家認同受到來自當地的民族主義所擠壓，另一方面則因為受到華人作為一個整體的華人性所限制（蕭新煌、林開忠、張維安，2007：569）。

在臺灣適應的過程，但是中國移民因為本來就會華語，與臺灣社會溝通不成問題，然而印尼移民因為蘇哈托排華政策導致不諳華語，到了臺灣則必須特別學習。就客家認同來說，中國移民的客家認同較印尼移民強烈，亦較願意將客家語言及文化傳承給下一代。由此可見，雖皆為客家人，然因印尼移民來自非華人國度，因此在原鄉需突出的認同是華人，但到了臺灣，則以國籍為主要的自我形塑依據，此有別於來自中國梅州地區的客家移民。

（5）子女教育與教養

　　研究者從不同面向探討客家地區子女教育與教養方面，但研究地點與對象不一，張嘉真（2007）以桃園縣[10] 新移民學習中心行政人員與南桃園國小的教育人員為研究對象；吳蓉蓉（2008）則向苗栗山線客庄教師與家長施作問卷；黃文樹（2015）從高雄客家地區婚姻移民本身出發，分析其在教養上的現況與問題。雖然研究對象不同，但三份研究透過現況調查找出問題，檢討現有政策並提出建議，共同之處在於提出社會大眾與教師應具有多元文化素養以及在課程中納入多元文化教育，俾利跨國通婚子女的教育與學習。雖然論文皆以客家地區為研究場域，然僅有張嘉真（2007：204-207）提出婚姻移民子女教育實踐之客家屬性：首先，婚姻移民子女兼具客家新血脈的身分；其次，傳承客家文化需求優先於婚姻移民母國語言文化；再次，全校性多元文化活動

10　當時為桃園縣，後於2014年改為直轄市桃園市。

會納入在地的客家文化；最末，將客家鄉土文化融入婚姻移民子女課程。由於南桃園地區（包括中壢、楊梅、平鎮、龍潭、觀音、新屋）印尼客家婚姻移民居多，因此張嘉眞（2007）提出臺印客家跨國通婚子女因傳承母親的血脈，同時身上亦留著臺灣客家父親的血液，因此可以同時認識到客家的多樣性。張嘉眞（2007）認爲跨國通婚子女所處的社會性文化應該以客家文化爲主，再加上，印尼客家媳婦雖爲客家人，婆家較不接受媳婦的印尼生活習慣與文化，因此較採否認態度。不過，筆者認爲雖然客家文化面臨流失的危機，但是應該予以移民原生文化肯認。

（6）在地位置與族群關係

由於印尼客家婚姻移民以通婚方式進入臺灣社會，首先面對的是國籍與公民身分議題，雖然其具有客家身分，但整體說來仍被視爲「外籍配偶」或是「新住民」，抑或是「新移民」。從在地社區角度或是客家族群關係切入將有助於我們勾勒出婚姻移民的社會位置，同時若從社區出發，意味著將原來側重從私領域研究婚姻移民的討論帶往公領域的方向，筆者在此認爲這不僅是研究觀點轉移，應更標示著客家研究開始以「公民」角度討論婚姻移民在臺灣的定位。

然首先需要注意的是，我們究竟該如何標示婚姻移民群體？在內政部移民署網站上的定義爲「對於從國外來到臺灣結婚、移民而定居的人士稱爲新住民」（中華民國內政部移民署全球資訊網，2021），因此就此定義而言，應該包括將所有到臺灣之跨國通婚者包含在內，但目前「新住民」一詞容易成爲中國與東南亞

籍配偶的代名詞（請參閱本書第一章的討論）。劉堉珊等（2022）則提出，臺灣針對婚姻移民所進行的政策規劃因爲「新住民」社群界定的模糊性而面臨困境。如本書在第一章所述，「新住民」並非一個族群概念。劉堉珊等（2022）持同樣觀點，而且指出在臺灣的社會脈絡（一般社會大眾與媒體論述）、政策語境與學術研究中，原來僅是含括性地指稱較晚期移民至臺灣者，在臺灣社會的脈絡裡幾乎已經被等同於婚姻移民配偶而使用，且在族群議題與政策推展上，「新住民」有時又會被視爲一個類族群的概念，放置在族群關係與族群政策的脈絡中討論。正是由於「新住民」是個模糊且不意具體定義的概念，因此導致「新住民」相關的政策規劃，總是散落在各部會，且常是因應政策目標需求而產生的短期效應（劉堉珊等，2022）。

　　劉堉珊等（2022）以新竹縣客家地區爲例，觀察到政策是讓近幾年來「客家」與「東南亞」文化得以漸漸開展出的接觸與互動平台，而且婚姻移民女性因此獲得走入客家社區及學校場域之經驗，同時也是讓「客家」與「東南亞」（或許可以更細緻地分爲「印尼文化」、「馬來文化」或「印尼客家」、「馬來客家」等）在家庭場域之外相遇、接觸與互動理解的過程。這個過程亦是一種文化再現與再生產，但與其他研究（參閱本節第二點討論）不同的是，這些在家庭之外是婚姻移民主動「創造」及有意識地「設計」的文化接觸與關係連結，並且是行動者自身的詮釋與知識化過程，呈現出多樣且同時回應著臺灣社會變化的面貌。

　　在討論婚姻移民在地位置與族群關係中，僅有劉堉珊等

（2022）是聚焦客家與東南亞婚姻移民之關係做討論，其他如許惠捷（2010）、黃麗生（2012）、湯怡軒（2012）分析視角則含括其他群體，並非僅談婚姻移民，皆從特定區域（許惠捷從北埔出發、黃麗生談的是後龍溪流域、湯怡軒則是聚焦於屏東佳冬）探究客家與其他族群之關係，以移住時間順序觀之，婚姻移民是最後到來的群體，其在社區中的定位則來自於她們與社區其他群體之關係。由於上述的區域皆為客家區域，因此所討論的婚姻移民大多為來自中國與印尼的客家女性，但她們同時是從不同國家到臺灣的移民，在兼具移民與客家人的身分上，臺灣客家社區內如何將其納入，許惠捷（2010）提出北埔社區組織發展出三種不同的身分認同策略，分別是個人、家庭與族群社區。首先，社區老師與婚姻移民之間個人生命經驗的相似性能引發同理心，亦即皆有身為人妻、人媳與鄉村子女的共同經驗，接納性的認同因之產生。其次，為了讓移民能夠成為婆家家庭一員，「媳婦」為其身分認同的方式之一；最後，因為移民與在地居民同為客家人，「中原客家」的身分認同能夠讓移民成為客家社區的一分子。

許惠捷（2010）提出客家人與新移民的接觸與互動豐富在地客家認同的內涵，除了凸顯多元文化中族群關係不平等的內涵之外，地方文化與客家文化呈現多樣化——既有傳統文化，亦能夠因社會情境更迭而產生新的文化。這亦是劉堉珊等（2022）所提出的在臺灣客家社會中，客家文化與東南亞文化的相遇觸動彼此對話以及嶄新連結因此產生。

二、性別、族群與宗教

　　臺印跨國通婚的研究參與者同時身爲女兒、妻子、媳婦，甚至是早期到臺灣的移民已經當上婆婆，其人生過程鑲嵌在由原生家庭、母國生活、國際移動、傳統婚姻坡度（上嫁下娶）與父系家庭結構所構成的跨國通婚之中，與此同時，可能會與其他社會類屬交疊在生活中產生作用，例如讓人得以安頓身心的宗教信仰。當然，驅動印尼客家女性跨海成爲移民的原因還包括個人對於生命與生活的想像，並非完全僅是經濟因素使然。一如Constable（2005）所編著的 *Cross-Border Marriages: Gender and Mobility in Transnational Asia* 中所提及的，上嫁並非促成跨國婚姻的原因之一，有關於性別、性慾特質、傳統與現代的慾望與想像亦具有影響力（Constable, 2005：7）。在跨國通婚之中，女性希望透過婚姻移民的方式得以過著現代、進步的生活，以及生活在先進國家的丈夫能夠以開放態度看待性別關係與角色；然而，經濟情況較佳或發展較佳國家的男性，則希冀找到具有「傳統特質」或是「傳統美德」的女性做爲妻子，以便延續香火、孝順服侍自己的父母、操持家務等，此即跨國婚姻中陽剛文化的展現。

　　有別於西方跨國婚姻研究重視的是種族或族群整合至移入國社會的脈絡，而在亞洲婚姻移民研究中所見則是配偶與移民的家庭、父權體制、制度性與社會經濟背景、宗教、種姓制度與族群因素在亞洲婚姻移民的婚姻行爲與婚姻關係中所扮演的角色（Yeung and Mu, 2020）。因此以本書的研究參與者來說，她們

處在外在結構性因素（宏觀之國際政治經濟階序、印尼國內華人地位與處境、移民臺灣之後的社會位置）與個人想像及內心感受（期待改善父母與娘家生活、對生命的期望、讓自己過上好生活、或是希望追求人生其他夢想）之間，在個人成長與婚姻過程中，如何體現生命樣貌，在婚姻移民的生活經驗中——在家鄉的成長過程、出外工作讀書、跨海結婚生子，如何受到不同社會權力關係運作影響而形成今日我們在臺灣所認識的婚姻移民之圖像。為理解這些過程中如何相互交疊在移民身上而形成繁多複雜的生命軌跡，本書將透過交織性概念進行討論。

（一）何謂「交織性」？

「交織性」[11] 的概念有助於我們理解性別、種族、階級、族群、國籍、殘障、性取向等不同社會類別如何相互交織。這個概念最初由美國法學家 Kimberlé Crenshaw 於 1989 年提出，她在論文中探討了種族和性別在美國有色人種女性身上的交錯現象，批評了反歧視法規、女性主義理論和反種族主義政治中忽略這種交織的問題。隨後，她在 1995 年的論文 "Mapping the Margins: Intersectionality, Identity Politics, and Violence against Women of Color" 中進一步探討了相同的主題，尤其關注有色人種女性在面對暴力對待時所遭受到的種族和性別壓迫。「交織性」的概念在

---

11 筆者在其他文章內已有討論，請參閱蔡芬芳（2016a）、蔡芬芳（2016b）、蔡芬芳（2022）。此處為小篇幅修改前述三篇文章內容。

許多不同的情境和背景下得到應用，但大部分是在女性權利和平等的範疇中，它提醒我們不能僅僅從單一角度來看待性別和種族所引發的問題。在性別研究中，性別被視為具有多樣性的內涵，意味著男性和女性是不同的類別，同時在同一性別類別中也存在內部差異。然而，當性別與種族交織時，我們常常只關注性別的異質面向，而將種族視為單一的同質分類。透過「交織性」的觀點，我們可以更全面地理解和分析這些問題，並意識到不同社會類別之間的相互作用和影響。這個概念的重要性在於提醒我們要超越單一維度的思考，以更全面、多元和包容的方式來理解和應對不平等和歧視。

聯合國女性與人權工作小組在2001年所舉行的第45屆女性地位委員會會議（The Commission on the Status of Women, CSW）[12] 將「交織性」概念作以下定義：

> 分析被邊緣化的女性之交織途徑嘗試捕捉兩種或多種以上壓迫形式交錯的影響。它所處理的是種族主義、父權制度、階級壓迫及其他歧視體系創造出結構化女性的相對位置、種族、族群、階級等之不平等的方式⋯⋯因其種族身分而受到壓迫的女性常常處於種族主義或仇外情緒、階級與性別相交之處。她們因此容易遭受到所有不平等形式所匯集而成的傷

12　舉行時間為2001年3月6-16日以及2001年5月9-11日。

害。

Crenshaw（2003）將交織歧視比喻為「十字路口」，這個比喻相當貼切地描述了歧視的複雜性和多重性，及其對少數弱勢個體或群體的影響。這種比喻意味著不同形式的歧視在某個人或群體身上同時交錯存在。從上述定義來看，「交織性」所處理的是由不同的制度、體系和主義所引起的歧視。這些制度和體系可以包括種族、性別、階級、性取向、殘疾等。不同形式的歧視相互交織，使得弱勢個體或群體承受著多重形式的壓迫、邊緣化和權力剝奪。需要注意的是，交織的歧視不是將各種歧視分開來看待，而是指一個人或一個團體所經歷的多種不同而特定的歧視經驗。這種交織性使得這些個體或群體的歧視經驗更加複雜和深層。例如，一個黑人女性可能同時受到種族歧視和性別歧視的影響，這兩種歧視因素互相交織，對其產生特定的作用。因此，交織歧視的概念強調了多重歧視的存在和複雜性，要理解和應對歧視問題，需要考慮到不同形式歧視的相互關聯和交織，並尊重個體或群體所處的具體經驗和情境。

根據Bradley在2007年的著作中的觀點，她認為「交織性」相當於她所稱之「多重位置」和「多重劣勢」（Bradley, 2007：190）。這意味著個人或群體可能處於多個社會類別和身分的重疊位置，同時面臨著多重劣勢和不平等的壓力。這種交織性觀點提醒我們，單一面向觀察劣勢可能會忽略其他形式的壓迫，因此我們需要綜合考慮不同形式的交錯和劣勢。此外，交織性概念還

強調在任何已知的情境下，不同社會變化皆應被充分納入考慮，意即不同的社會因素在各異情況下可能具有不一的效應和影響力。交織性的觀點也強調不同形式的交錯可能會產生極端的剝削和歧視。這提醒我們，不同類別和身分的結合可能導致更複雜和嚴重的不平等和劣勢經驗（Bradley, 2007：190f., Bradley and Healy, 2008：45）。最後，此一概念主要應用於探究個人或群體在社會關係中所經歷的多重不平等、壓迫和劣勢。不同形式的差異在不同情況下可能被賦予不同的重要性。例如，個人的性別身分可能受到種族或族群背景、性取向、殘障或宗教等因素的影響和制約（Bradley and Healy, 2008：46）。這些觀點和概念提供了一個更全面、綜合和多元的框架，以理解和分析不同社會類別之間的相互作用和影響，並呼籲關注和解決多重劣勢和不平等。

本書在第一章已提及，希望透過三個層次來理解印尼婚姻移民的目的在於不以單一面向理解印尼客家婚姻移民，而是凸顯其生命軌跡中的多重與複雜樣貌。然而，更值得一提的是，交織性概念在近年的討論中，如Ange-Marie Hancock（2016）提到最主要透過人們的經驗讓隱而不見（invisible）的被壓迫者被看見（visible）。如同本書的研究參與者，雖存在於臺灣社會之中，但讓她們可以真正被看見與被聽見的方式，是要從生命經驗出發，而且正是由於生命經驗的多樣性，使得在許多關係中所發揮關鍵作用的權力（power）是相對性的，絕非二元對立。然需言明，並非所有現象皆是性別、族群與宗教互相交織，而是依照脈絡而有不同類別互相交織的展現。首先，在宏觀層次上，涉及國

家制度和國際政治經濟階序。臺灣和印尼在國際政治經濟中處於相對位置，因此著重探討印尼客家女性如何由「外籍新娘」[13] 或「外籍配偶」轉變為臺灣社會認可的新住民，並在新南向政策下扮演特定角色。在這一層次中，研究重點在於印尼客家女性如何在臺灣社會中定位和協商。但是，本書認為，除了著重移民在臺灣的經驗之外，不應忽略其在印尼原生國家的處境，尤其在印尼因為華人身分而被壓迫是她們所遭受到的第一層權力所產生的作用，尤其是在蘇哈托新秩序時期（1966-1998）[14]，因為這是驅動女性向外移動的原因之一，在宏觀層次的交織為性別與族群。第二個層次是中介族群文化與意識，特別是在臺灣客家社會中的性別關係和角色。印尼客家女性自我認同為華人、客家人，因此需要面對族群文化的交織。這一層次中，研究的重點在於印尼客家女性如何應對客家社會中的性別關係和角色期望，性別與族群為此一層次中顯著的交織類別。第三，就微觀個人生活層次來說，即印尼客家女性在日常生活中所遭逢的權力結構。作為媳婦的印尼客家女性需要在家務中扮演特定的角色，例如負責飲食烹煮和宗教祭祀。在家庭場域中，權力運作涉及印尼客家女性在父權結構中的地位和與婆家的關係。而當印尼客家女性的宗教信仰有別於婆家的傳統信仰時，特別是在面對客家社會中重要的祭祖儀式

13　雖然這個詞彙已正式被「新移民」或「新住民」取代，但在臺灣民間仍時可聽聞如此說法。

14　參閱雲昌耀（2012），筆者亦在拙著（2016）詳細說明印尼華人處境，在此則不再贅述。

時，原來的權力結構將會發生某種程度的變化。在個人生活中，則是性別、族群與宗教的交織。

（二）何以性別、族群與宗教？

在研究中，「交織性」一詞強調了不同類別和身分之間的複雜交錯關係。然而，並不是所有的類別都需要被提及，例如性別、種族、族群性、性慾特質、階級、殘障和國籍等，哪些類別是重要的，以及對誰來說是重要的，都是學者們持續討論的問題（Knudsen, 2005：63）。大多數學者都關注性別、種族和／或族群的交織，或者專注於性別、階級和族群等因素。德國學者 Helma Lutz 與 Norbert Wenning 在他們合編的探討教育學中的差異著作 *Unterschiedlich verschieden. Differenz in der Erziehungswissenschaft*（2001）中列出了多達十三項二元對立的差異，性別（男—女）、性慾特質（異性—同性）、「種族」／膚色（白—黑）、族群（優勢主導群體—少數群體）、民族／國家（成員—非成員）、階級（上—下）、文化（文明—非文明）、健康（非殘障—殘障）、年齡（成年人—小孩、年長—年輕）、居住／出身（定居—移居、原生—移民）、財富（富有—貧窮）、南北／東西差異（西方—世界其他地區）、社會發展狀況（現代—傳統、進步—落後）（Lutz and Wenning, 2001：20）。這些多樣的類別呈現了無窮盡的差異，然而目前常常使用「等等」（etc.）來表示其他類別。但是，Judith Butler 對於這種「等等」的表達方式進行了嘲弄，認為它展示了「無窮無盡的標誌化和意義本身的無

邊界過程」（Butler, 1990：143）。這強調了在研究中要注意避免將某些類別忽略或視為次要，並意識到身分和差異是多向度與交織的。

在決定研究中應該選擇哪些類別以及省略哪些類別的問題上，德國學者Katharina Walgenbach認為以下因素會產生影響：歷史、地理、政治和文化因素，亦即不同的社會背景和文化情境會影響到哪些類別被認為是重要的。例如，在非洲，年齡被視為一個重要的資源，因為年齡與聲望和影響力相關。其次，研究者的興趣和焦點也會決定哪些類別在研究中被重視。再次，類別的排序也是一個需要考量的問題，這可能會受到分析目的的影響，或者因為個人生活經驗而對不同類別的感受度有所不同。「交織性」概念所關注的焦點會隨著不同的社會脈絡而有所差異，這也是學者一直關注的問題（例如Brah and Phoenix, 2004；Yuval-Davis, 2006）。大部分的研究關注性別、種族和階級的交織（Yuval-Davis, 2006：193），但在不同國家和文化背景下，焦點可能會有所不同。例如，在美國，美籍非裔女性主義者強調種族和性別，以凸顯美國社會中的性別主義和種族主義（Crenshaw, 1991）。而在北歐國家，性別、族群和性慾特質是較為重要的類別（Knudsen, 2005：63）。此外，觀察的角度也不同。例如，Baukje Prins（2006）指出，美國研究者對於支配體系常常忽略邊緣團體（例如美國黑人女性）的經驗。他們認為認同的形塑受到體系或結構的影響，這稱為「系統性交織性」（systemic inter-sectionality）概念。相比之下，英國學者則更關注被壓迫群體的

社會位置和認同，並著重於動態和關係的分析，稱為「建構主義式交織性」概念（constructionist intersectionality），並聚焦於一個特定的認同如何受到其他認同的影響，例如性別受到族群性與階級的影響（Prins, 2006）。然而，這些分類並不是絕對的，也受到北歐國家的性別研究和女性主義學者的批評。他們認為這樣的分類未將北歐研究充分納入（Phoenix and Pattynama, 2006：188）。因此，在確定研究中應該選擇哪些類別時，需要考慮上述因素，同時也要關注當前的研究趨勢和不斷演變的社會脈絡。

「交織性」概念的觀察角度和重點確實會因社會脈絡而有所不同。這種差異可能源於特定地區或國家的歷史、意識形態、制度、社會結構、文化和價值觀等因素（Lewis, 2009）。將「交織性」概念應用於印尼客家女性婚姻移民的研究，確實需要考慮到研究對象所處的歷史、政治和社會環境結構。這包括華人整體在印尼的地位和相關的社會動態，以及他們在移民至臺灣後所面臨的情況。如此研究應該關注印尼的種族和宗教動態，以及華人在印尼社會中的定位和待遇。同時，也需要關注華人移民到臺灣後的經驗，包括他們在臺灣社會中的身分建構、族群關係和社會互動。這種考慮到多面向的研究觀點能夠幫助我們更佳理解印尼客家女性婚姻移民所面臨的「交織性」問題。透過考察特定的社會脈絡和相關的歷史、政治和社會因素，我們可以更全面地分析和解釋不同身分和不平等的相互關係。此外，「交織性」概念作為一個「傳播中的概念」（a travelling concept, Lewis, 2009），在跨越國界和社會文化之間流動，意即該概念在不同地方和文化中的

運用和理解也可能有所差異。

　　本書之所以選定性別、族群與宗教作為觀察婚姻移民生活的三個面向，其立論基礎首在婚姻移民的移動時為遷移性別化之展現，再加上女性移民在臺灣的跨國通婚中佔九成以上的比例。根據截至2023年4月的內政部統計資料，外籍與外裔配偶（未包括中國籍，含港澳配偶）共204,217人，其中男性26,824人，佔一成五左右，女性則為177,393人；印尼一共31,492人，其中男性852人，佔2%，女性則為30,640人，高達98%。此外，婚姻移民的生命過程中，從在印尼原生家庭中扮演女兒的角色開始，而後的妻子、媳婦與母親身分皆與性別角色與地位有關。其次，族群部分則是與印尼與臺灣客家有關，因為本書之研究參與者來自印尼西加里曼丹客家地區，其語言、生活與文化實踐等有其印尼客家要素。而移民之所以透過結婚移民臺灣，客家身分可以說是具有重要性，因為可以與臺灣客家婆家溝通。到了臺灣，居住環境多為客庄，例如本書研究參與者大多居住的楊梅、苗栗等地，客家在其生活中發揮某個程度的作用。最後，咸認「文化親近性」是促使臺印客家通婚的主要因素，然而當婚姻移民的宗教信仰不同於婆家，而且當媳婦的角色又常與婆家重視的祭祀有關時，宗教實踐則成為值得注意的議題，因為原本被認為應該執行祭祀的媳婦反而因為自身的基督教信仰影響了婆婆，因此宗教成為一個檢視移民與婆家之間關係的面向。

（三）動態與多元之類別化過程

交織性不僅是一個理論，也可以作爲方法論來思考。這一點在許多研究中已被提及，包括McCall（2005）、Choo和Ferree（2010）、Winker和Degele（2011）、Lumby（2011）、Christensen和Jensen（2012）、Hillsburg（2013）等人的研究。然而，在本書中，性別、族群和宗教的討論並不是以「加法」的方式處理，而是強調它們之間的交互作用。這本書希望突破傳統研究的限制。因爲交織性所處理的是不同類別之間的交織，強調的是複雜性。這些類別可能包括性別、種族、族群性、性慾特質、階級、殘障、國籍等，但並不是囊括所有類別，而是依據具體的脈絡（如歷史、地理、政治和文化）而定（Walgenbach, 2007：42-44）。然而，對於類別本身的定義，它如何被「交織性」方法論所思考，這是一個需要討論的問題。如果只關注於類別本身，可能會忽略將類別化視爲一個過程的重要性（Hornschied, 2009，引用自Christensen and Jensen, 2012：111）。同時，動態過程有助於比較和脈絡化不同層次的分析（Choo and Ferree, 2010）。因此，在運用交織性方法論時，需要思考和討論類別本身的定義以及類別化作爲一個過程的角色。

關於類別的問題，就本書的研究對象來說，應該需要注意的是，當我們意欲將界定印尼客家女性婚姻移民爲一個群體時，必須體認到該群體本身絕非同質，可能因爲地域、以及與周遭異族關係、宗教、階級與性別等社會類別所產生的內部差異性（參閱第三章）。Brubaker（2002）提醒我們，分析的類別並不是群體

（group），而是依照脈絡所產生不同的群體性（groupness），況且，應將族群化、種族化與國族化視爲政治、社會、文化與心理的過程。以此觀之，群體性係所發生的事件（events），這是特殊且密集凝聚群體團結的時刻，但是不需要認爲群體性之高度展現係持續不墜的，或具有定義性的，即言之，群體性可能不會發生，抑或是未能具體展現（Brubaker, 2002：168）。因此，群體形成（group building）在何種主客觀條件下形成，才是我們需要關注的焦點。

綜上所述，以性別、族群與宗教之交織作爲研究理論與方法論的重要性在於以多重類別的相互作用看到臺印客家通婚在婚姻移民身上所涉及的複雜性，以及避免以單一且本質化的角度作爲了解婚姻移民的視角，她們的生命是動態的過程，期以彰顯現象所發生的特定脈絡。最末，作爲方法論考量的「交織性」之重要性在於應將所有社會成員都包括在內（Yuval-Davis, 2011），因爲「交織性」原始概念以位處邊緣與備受壓迫的少數與弱勢群體爲研究對象，然而如此將忽略了該概念所強調與少數或弱勢共構「關係」的多數或是主流社會成員（Christensen and Jensen, 2012：112）。筆者在思考研究設計時，期待能夠了解婚姻移民女性的配偶，然而當夫妻一起受訪時，發現女性談話可能會受到壓抑，再加上，男性研究參與者較少從情感表達角度切入，多爲陳述事實。雖然將主流群體納入研究的想法未能真正獲得實現，但在幾對夫妻的談話與相處中，或多或少得以觀察到夫妻之間的關係。

第三章　通婚中的女性圖像——
「每個人的故事都不一樣！」

　　Yeung 與 Mu（2020： 2866）在其共同編輯的 *Journal of Ethnic and Migration Studies* 專刊內的導論 "Migration and marriage in Asian contexts" 中提到通常來自東南亞的婚姻移民與臺灣人所締結的婚姻被視為「上嫁」。這個現象與傳統同化理論一致，說明移民是出自於理性的考量而遷移，以便能夠改善自己及其家庭的生活。因之，在如此邏輯下，婚姻移民在近來研究中常被二元化為「受害者」和「行為者」。有些研究將婚姻移民視為來自較低度開發國家，在融入接待國社會以及達到與配偶的平等上是脆弱以及毫無力量的。有些研究則是認為因為跨國通婚的上嫁性質，婚姻移民常會設法操作能動性，實現向上流動，而且對移出國與接受國都有貢獻，因此將她們呈現為受害者是不正確的。事實上，大多數婚姻移民是處在兩者之間，透過不同的複雜軌跡達到整合、賦權與成就，即言之，婚姻移民同時面對的是機會與挑戰。她們訴諸於在政治、經驗、文化脈絡可以獲得的資源與管道以便能夠以策略性的及有創意的方式處理所遭遇到的問題，希望能夠存活、流動以及獲得成功。有鑑於此，本書認為婚姻移民的生命故事可以打破上述以二元對立邏輯觀看婚姻移民的角度，而讓我們看到鑲嵌在移動人生中的複雜軌跡。

　　在臺灣疫情趨緩期間，於清明假期前夕與兩位研究參與者約

在其中一位女性移民英如家中，抵達時，英如尚未在家，來開門的是英如的第二任丈夫，他同樣是來自印尼的客家人，過了不久之後，英如帶著一位女性同鄉回來（2022年3月28日）。當下本來希望英如友人也可以留下一起聊聊，她稍微簡短地提到她來自山口洋，在臺灣已有二十年以上的時間（約2000年前後來臺），但她無意願接受訪談，而且她表明需要開車回到南部，但當她離開時，英如說了「每個人的故事都不一樣！」的確如此，正因為如此，本書希冀透過婚姻移民訴說的人生歷程中再現其生命圖像。

雖以時間觀之，婚姻移民的人生歷程似乎是線性發展——童年、青少年、飄洋過海到臺灣開始結婚生子。擔任妻子、媳婦、母親的角色。然而，筆者認為雖因書寫架構安排之故，在此以人生不同階段呈現，然不能忽略事實上人生中所有經歷彼此交織，在第五章中會談到這些過程如何互相影響。此外，本書為了盡可能補足婚姻移民較少為人所注意的原鄉生活，因為若是少了這一角的人生拼圖，而只側重在臺灣的生命境遇與生活景況，可能會「誤識」（misrecognize）並且本質化她們，尤其特別是認為她們是來自貧窮家庭，以及臺灣人容易將之視為移工或是越南籍配偶。

一、童年生活——小康家庭與族群互動

來自蘇門答臘巨港的雲霞姐（2015年9月26日），近八十

歲，來臺已有五十年，是本書中年紀最長也是來臺最久的研究參
與者，提到父親在十五歲時從中國廣東到印尼時，先開始是做
工，後來在商店中工作，隨著在印尼時間拉長之後，開始做起小
生意，例如賣米，但生意不好之後，轉開咖啡店，也賣橘子水與
其他飲料。鄰居都是華人，包括開咖啡店、美髮店的海南人、開
金子店的廣東人、賣炒麵與炒粄條的潮州人。當時華人聚集在市
中心，「印尼人」住在城市外圍。由於家中在菜市場內居住與開
店，遇有同樣在市場賣東西的「印尼人」，會到雲霞姐家裡的咖
啡店喝咖啡、奶茶等。但是在雲霞姐小時候的經驗與排華記憶交
錯之下，她對於「印尼人」的印象極糟。

　　雲霞姐：像我爸爸，做生意做那個，炒粄條、炒米粉那些
　　　　啊，炒麵啊，晚上啦，我們做生意啊，晚上才有生意
　　　　啊，做了後來，我們有賣酒嘛，賣什麼飲料啦，那些印
　　　　尼人啊，那些流氓他來，好，我們給你吃啊，吃了都不
　　　　付錢。

　　筆者：喔，都不付錢。

　　雲霞姐：都跑掉，跑掉過後，每一次來都是沒辦法啦。

　　筆者：又不敢跟他們要？

　　雲霞姐：我們，我們會虧本嘛，後來我的父母就認識朋友
　　　　啦，就找一個好像打手，就是好像警察這樣，穿便服的
　　　　啊，就坐在那邊啊，他們就不敢來，沒有，沒有付錢就
　　　　會警告他啊，就這樣子嘛，每一天他有時間就來啊，坐

一下啊，這樣子。都不吃豬肉的，來這邊就喝酒啦，有
　　酒流氓呢，有酒就要，就要開酒，我們每一次訂那個酒
　　要把他收起來，不要擺在外面啊，擺在外面他就要吃。
筆者：對對對，他就要喝，然後又不付錢。
雲霞姐：喝了又不付錢，講他又會發脾氣。
筆者：對對對，又怕說他對我們做不好的事情。
雲霞姐：不是，他會打亂你的，打破你的店裡面那些 [東
　　西]¹ 啊！（2015 年 9 月 26 日）

　　因為雲霞姐父親做生意到夜晚，供應食物與酒類，但會遇有
吃飯或喝酒不付錢的「印尼人」，其行為等於流氓，若糾正他，
對方不僅會生氣也會破壞店裡的擺設等。所以父母後來不得不求
助於朋友，找來類似保鑣的人在店中坐鎮，否則不堪其擾。
　　對於「印尼人」負面印象因 1960 年代開始的排華事件更加
強化，雲霞姐說道，「印尼人很壞，而且我姐姐要回去 [中
國]，我父母親不肯，我爸爸講：我都從那邊來，那麼苦，你還
要回去？他 [指爸爸] 就不肯，但是我姐姐很會頂，頂嘴，頂我
媽媽啊，後來我爸爸就跟我媽媽講，我姐姐要回去，我媽媽就很
生氣啊，他說，要回去給她回去啦，我爸爸就說，好啊，她要回
去給她回去。」（2015 年 9 月 26 日）當大姐因為排華事件「回

1　[ ] 內文字由筆者加註。

去」中國，父母親極度反對，因為深知當初之所以要離鄉，正是因為在當地謀生不易，然而對於已在印尼出生的大姐來說，中國是可以庇護她免於受到傷害的家鄉，因此執意「回去」。由於媽媽一年生一個孩子，陸續生了十幾個孩子，當大姐離開印尼之後，在家中排行老二的雲霞姐開始負起照顧弟弟妹妹的責任。

> 後來就輪到我啦，我就，我就那個什麼，帶弟弟、妹妹，而且那個時候，我姐姐還很小的時候，十二歲的時候啊，她就會殺雞了，因為我媽媽在懷孕那時候，就先教她嘛，教她去，去菜市場怎樣買菜，怎樣買雞，買了雞怎樣殺雞，她先教，教會了，我媽媽就去住院啊，生我，生我弟弟還是我妹妹啦，我姐姐那，就那邊就殺雞，殺雞、煮雞啊，教她怎樣煮啊，小小十二歲耶，人家小小十二歲，很快樂的時間嘛，我們是沒有童年的啦，而且她回去的時候，就輪到我啦，我媽媽又很會生，一年一個、兩年一個，我就一直抱著，去朋友的家啊，抱一個、牽一個，去看電影也是嘛，要抱著啊。而且我姐姐要去看電影那時候，我爸爸說，你自己去看不可以，後來他說，要嘛帶你弟弟、妹妹去看，我們全部去看喔，弟弟、妹妹小的，我姐姐就看兒童的啊，坐在最前面啊，就這樣子。（2015 年 9 月 26 日）

大姐需要幫忙媽媽照顧弟弟妹妹，小小年紀必須學會買菜、殺雞、煮雞，連出去玩或看電影都必須帶著弟妹同行，雲霞姐也

是同樣命運，雖然家裡請了一名「印尼人」幫忙洗衣服、燙衣服，但她仍要做許多家事，因此「我們是沒有童年的啦」（2015年9月26日）。

　　與雲霞姐屬於同一個年齡層，現年七十歲的月雲姐同樣也需要照顧弟妹。月雲姐出生於西加里曼丹內陸卡普阿斯河（Sungai Kapuas）經過之處，距離坤甸（Potianak）七百公里，家中經營小生意，住在水上船屋。月雲姐三歲喪母，父親再娶，但繼母生產過世，後來父親又娶第三任妻子。月雲姐自己原來有五個姐妹，再加上父親的另外兩任妻子所生的孩子一共16個，可說是食指浩繁，父親為了做生意養家，要求月雲姐在十四歲的年紀開始照顧弟弟妹妹，因此她未能繼續升學。

　　月雲姐父親經營生意，賣出米、糖，收購農產品，由於住在沿河地區，所以過去都是用船在送貨物，但後來水上交通被陸路交通取代，當地屬內陸，陸路交通不易，因此該地區走向沒落的命運。父親生意上來往的對象多為達雅人，由於他們遠道而來，父親提供住宿。

> 月雲姐：我們這還有一個住宿給他住，我爸爸以前做一個住
> 　　　　宿給他們，因為他們很遠的地方過來，他要買米啊，買
> 　　　　糖啊，買鹽巴這樣子，他就帶山產賣給我爸爸啊！
> 筆者：免費讓他住在那邊？
> 月雲姐：也讓他住，他就帶一些山產賣給你，他要煮菜、要
> 　　　　吃飯沒有菜，他就拿我爸爸那個倉庫裡面的魚乾來烤來

吃。有那個爐灶給他，因為用木柴的嘛，咖啡要吃就隨
便他自己去拿，我爸爸就很好。

筆者：很大方。

月雲姐：很大方。

筆者：哦，這樣子！

月雲姐：我爸爸是很好。

筆者：以前的做生意你看還有給他住，因為太遠過來這樣
子。

月雲姐：對！他就划船過來的哦！他是沒有機器哦！所以他
要住宿給他住這樣。

筆者：通常也住一個晚上？還是？

月雲姐：住一個晚上，他就來補貨啦！

筆者：補貨哦，這樣子！

月雲姐：有的是說他很聰明啦，有的就是東西賣給別人，又
住你家，我爸爸也沒關係，有的會好意思［東西賣給別
人，又住你家］，少啦！大部分就住我們家啦！賣給我
們這樣子。

筆者：那，那你們通常比較多是跟 Melayu 還是跟 Dayak？

月雲姐：跟 Dayak 比較多，Melayu 比較少，Melayu 都是一些
本地的，Dayak 是好多村莊自己下來，我爸爸是做
Dayak 的生意。

筆者：華人還是跟 Dayak 比較有來往？比較多這樣子？

月雲姐：我爸爸是會講好幾種 Dayak 的話。

筆者：眞的哦？

月雲姐：我是不會，那時侯我還很小、不懂。

筆者：哦，這樣子。可是你們的當地、就是跟當地的 Melayu 會有生意？也是他也會到你們家裡來買東西？

月雲姐：有生意，會買。因爲不只我們一家店，還好幾家店啊，我們那個是一個村莊、一個村莊嘛，像那個房子剛才給你看的那個[2]，可是他們對面那個也是有房子，他們住在那個路上比較沒有做生意，因爲他們比較麻煩啊，他們那個水上的比較方便，船要……

筆者：哦，到哪裡就到哪裡這樣子。

月雲姐：現在他們那個地方是沒落了。

筆者：對對。

月雲姐：現在用那個車嘛，我們房子也沒有了！

筆者：那你們以前這樣子過程就是，對 Dayak 跟 Melayu 的印象是什麼？

月雲姐：不錯啊！都很好。

筆者：都很好。

月雲姐：我們做生意的人以和爲貴嘛。（2022 年 3 月 10 日）

2　在訪談時，月雲姐特別從手機找了幾張照片讓筆者看，以便能夠了解她所說的船屋。

1970年代出生於西加里曼丹中部小村莊的蕾伊，直到十七歲離開家鄉前往首府坤甸開始人生另一階段的生活。蕾伊屬於印尼客家華人的第四代，她的曾祖父母安葬印尼，祖父母在印尼出生，父親在村落經營商店，因為父親生意關係，不管是馬來人或是達雅人都會到家裡，特別是過年時更是高朋滿座。蕾伊提到家中的生意類似雜貨店，經營米、油、橡膠買賣生意，也賣一些零食。正是因為涉及糧食與橡膠生意，父親與當地其他族群有所往來。當然，蕾伊提到，她認為父親是為了吸引顧客，會請馬來人與達雅人過年時到家裡作客，蕾伊形容「滿滿都是人」（2022年1月8日）。

> 蕾伊：村子裡的人，他們知道過年我們家就有吃有喝。
>
> 筆者：所以 Melayu、Dayak 都會來。
>
> 蕾伊：可能 Melayu 他們會來坐一坐就走了，我們會定一個
> 　　　日子例如說 Melayu，你就今天過來，那我們就給你雞
> 　　　呀什麼的。他們自己去煮，因為他們不吃豬肉嘛。他們
> 　　　知道，他們自己煮他們的這樣子，就是那一天，會來拜
> 　　　年的就拜拜就走了，他不會住在我們家。反而 Dayak 的
> 　　　還住在我們家。
>
> 筆者：喔，還住在你們家。
>
> 蕾伊：說吃三天，他就住在我們家三天。因為之前我們家裡
> 　　　是賭博呀，他們賭，很恐怖他們賭博呢。
>
> 筆者：可是你們要有地方給他住呀。

> 蕾伊：我們家很大。因爲鄉下嘛，家很大，就是他們可以賭
> 博可以吃。有得吃有得喝。（2022年1月8日）

蕾伊在西加的家人至今仍會在家裡招待當地人。蕾伊的母親住在妹妹家，大家念舊情，所以每年都會到蕾伊妹妹家中。

> 招待人家很多人這樣子。到現在，因爲我媽就住在我妹這邊
> 嘛。也是每年會去我妹那邊啦。因爲那邊有長輩嘛。他們就
> 會那邊就這樣子。因爲人會看嘛，你就是歡迎我們來，我們
> 很高興，那他們就會帶個雞呀，糯米什麼的，他們就會送給
> 你。那時候回去榴槤什麼我們不用買。根本就不用買，他們
> 會送，就不用買，吃不完。他們也會看呀，因爲我們歡迎他
> 們，他們也是很樂意帶東西來給我們。（2022年1月8日）

在如此環境長大的蕾伊，她認爲華人的生活習慣與其他族群有別，特別因爲伊斯蘭信仰對於飲食的限制，尤其是不吃豬肉，還有衛生習慣的差異。蕾伊所提到的這兩個差異值得注意，一爲種族化下的差異：筆者從2011年開始在印尼進行研究以來最常聽到的華人自認爲與馬來人的區別——「吃豬肉與否」，此差異與宗教信仰有關，然由於印尼華人將伊斯蘭信仰種族化，連帶地以「吃豬肉」作爲與馬來人的區分，而在談到達雅人時，則會提到他們有「吃豬肉」，一方面凸顯華人與達雅人之間的相似

性[3]，另一方面則是標記出華人與馬來人之間的差異性。另一爲種族化的衛生習慣：衛生習慣是常見與種族相關的刻板印象之一，如蕾伊所提到的「但是那個什麼衛生上我真的是受不了他們，因爲我們小時候就被我媽媽限制很那個嚴格的那種，因爲我們家裡抹布不能油油的，到現在我都一樣抹布在家裡不能油，油油的抹布我摸到就會丟」。然而，筆者認爲這涉及兩個層次，一爲將個人家庭注重的衛生觀念投射到做爲整體的種族上，另一個則是常見的種族間的刻板印象。

除了上述的差異之外，基本上與其他族群相處融洽，她在讀書時期，會到具有其他族群身分的同學家中玩耍，但是同學們並不會到她家裡。因爲「可能他們的觀念上，華人會比較有錢」（2022 年 1 月 8 日）。但事實上，她認爲他們都生活在小村子裡，大家沒有太大區別，「我們小時候做一樣，跟其他小孩子一樣，那個小村落嘛，那時候打水什麼我們都要做，一樣做啊！」但唯一可能的差別在於「例如要說吃糖果伸手就有，他們就會感覺我們比較有錢，他們要去割橡膠嘛，橡膠賣掉了，才可以買東西，我們是沒有，我們伸手就有東西，可能這個差別」（2022 年 1 月 8 日）。雖然蕾伊生活在小村莊內，但由於父親生意關係，向當地原住民收購橡膠後賣出，在經濟位階上較原住民高，蕾伊小時生活充裕，相較之下，原住民的孩子並不能夠隨心所

---

3 如下所述。

欲，家長必須靠勞力換取金錢之後，方能滿足基本物慾。由這個比較凸顯了經濟位階所造成的族群或是種族隔閡。

月雲姐的父親與蕾伊的父親因為都是做生意之故，買賣米、鹽、糖、油等，且向其他族群收購橡膠或山產等，故維持良好關係，但基本上仍與達雅人多有來往。月雲姐的父親甚至會說好幾種達雅語言，提供食宿，方便他們遠從自己的村落出來之後有過夜的地方，雖然可能有人趁機佔便宜，借住卻不與月雲姐父親做生意，但比例很低，而且她的父親並不在乎，秉持以和為貴原則，與達雅人及馬來人互動。

西加里曼丹的主要民族包括達雅人、馬來人和華人。在殖民時期，族群認同是可以改變和操縱的，殖民統治使各族群產生了「認同」（Heidhues, 2003：22）。[4] 在過去，西加社會的主要特徵是經濟高度族群化，雖然現在這種現象已不那麼明顯（Heidhues, 2003：22）。達雅人佔了加里曼丹人口的40%，他們通常被視為原住民族，但達雅人並不是一個同質群體。「達雅」一詞的意思是「山（高）地人」（uplanders）或「奴隸」，用來指稱具有不同文化的非穆斯林（Heidhues, 2003：23）。近年來，知識份子和政治人物更傾向使用 "Daya" 作為自稱，因為這是一種禮貌的稱呼，同時也能表現出他們的族群身分。居住在靠海或河口的達雅人被稱為 "Malayic Dayaks"，在文化和語言上與馬來人

---

4 本段文字改寫自筆者於2016年發表的專書內容，參閱蔡芬芳（2016a：38-39）。

更為接近（Heidhues, 2003：24）。由於受到馬來人的剝削，與華人的關係較好，並且很少發生衝突。在田野調查中，確實發現華人常常提到達雅人和華人具有相似的個性（2012年7月28日田野筆記），除了在店舖工作之外，他們還在華人家庭中擔任傭工。從華人雇主的角度來看，達雅人比馬來人更勤勞，而且更重要的是，達雅人沒有禁忌，不像穆斯林禁止食用豬肉，也不需要每天五次禮拜。此外，如果華人家庭養狗，這些對於達雅人來說也不是禁忌（2016年2月23日田野筆記）。此外，達雅人和華人之間也有類似的薩滿信仰（Chan, 2009：139-140）。達雅人和華人的關係比較友好，這亦說明研究參與者較多與達雅人來往的原因，但是馬來統治者、荷蘭人和印尼政府卻都曾利用達雅人來打壓華人。

另外兩位研究參與者在印尼的娘家都是開設麵包工廠，雇有二、三十位以上的工人。其中一位已有五十歲以上的麗玲，來自山口洋，提到原生家庭背景的原因是談到在臺灣的客家婆家需要節儉度日，但是在娘家並非如此。由於麗玲與公婆同住，她必須負責烹煮三餐，因為她嗜辣，為了兼顧自己與公婆之需求，就會煮不辣食物給公婆吃，自己則另外烹調辣味餐食，如此一來，就會有三、四道菜，但公婆認為這樣是浪費的做法，只要兩道即可。麗玲提到，「煮東西不要煮太多，要煮一點點，明明很多人，煮飯就煮那麼一點點而已耶，不能煮太多，太節省了不太習慣」（2016年1月23日）。因為麗玲家在印尼的習慣並沒有如此節省，再加上「我們家請很多工人，我爸爸請很多工人來

做，我媽一煮，也是要煮很多。」（筆者：所以你們習慣煮多多的這樣子）「對，不怕人家吃那樣。［……］我家煮菜都不怕人家吃，煮飯煮多多，工人都吃大分量都用盤子吃。我說在這裡真的不太習慣，飯也不能煮太多，然後煮飯要開燈煮菜要開燈也不行。（筆者：要暗暗的）我說暗暗的要怎麼煮，然後煮好飯了，看到燈已經跳上來煮好了你要拔掉插頭，我說那個飯會冷掉，有時候夏天水分還沒有收進去，裡面還很多水，他［指公公］要拔掉，我有時候會忍不住跟他說，爸爸這個飯還沒好，等一下會臭掉，但是電費又不是你在繳，因為都是老人家在繳，我老公就住家裡，他就這樣講，我們也沒辦法。」（2016年1月23日）麗玲的公公甚至就算是食物已經臭了，因怕浪費還要繼續吃，所以麗玲強調：「就那個節省，不太能接受。可以節省，但要看什麼東西，像吃的，我是覺得有可以吃就拿來吃，不要說那麼節省。」（2016年1月23日）

二、離開家鄉

　　Emily Hertzman（2014）指出山口洋（客家）華人對於「成功」的想像是邁向「世界主義」（cosmopolitanism）——自營生意的中產階級、能說外語、住豪宅、開名車、擁有其他國家護照，在世界各國穿梭自如。山口洋人認為只有自己當老闆才是成功的，即使是做個小生意都好，而非受雇於人，亦非在政府部門工作，尤其是華人擔任公務員有其歷史上——從荷治、印尼獨立

後與蘇哈托新秩序時期——所造成的結構因素，因華人在印尼的地位，只能擔任經商或中間人的角色，而這也造成華人對於政府單位的不信任之由來，如此觀念代代相傳，導致華人偏好以自營生意維生（Hertzman, 2014：151）。

　　由於蘇卡諾總統在1959年頒布總統令，禁止所有非印尼本國人在鄉村地區從事零售業，導致大量華人從西加里曼丹內陸地區移往沿海城市。蘇哈托時代更是開始對華人展開一連串的打壓與迫害，尤其是1965年930事件因為許多西加里曼丹華人受到攻擊與殺害，根據統計難民人數約50,000人到117,000人，被殺害者計2,000～3,000人（Hui, 2011：131），此舉亦迫使許多華人逃到沿海城市，大量難民湧入，工作難找，謀生不易，因此許多難民，尤其是其子女，多前往雅加達發展。所以到了後蘇哈托時期至2000年初期，西加里曼丹華人大多在雅加達已站穩腳步。由於已有相當程度的經濟實力，旅居雅加達的西加里曼丹人或山口洋人開始在雅加達成立組織，而當時的改革與開放氛圍，更是促使組織得以成立的結構因素（利亮時，2013：110）。赤道基金會（Yayasan Bumi Khatulistiwa）為其一，該基金會協助西加里曼丹與山口洋的發展，聚焦在文化與教育事業。目前，該會成員中許多人是同時在雅加達與山口洋事業有成的知名企業家，他們致力於提倡兩個城市之前文化與社會連結（Chiang and Cheng, 2019：320-321）。此外，山口洋地區鄉親會（Perkumpulan Masyarakat Singkawang dan Sekitarnya，PERMASIS）亦由旅居雅加達事業有成的山口洋人所組成，該組織在雅加達於2003年成

立，但主要活動在山口洋或其周邊城市，如孟加影縣（Banka-yang）與三發縣（Sambas），活動包括濟貧、義診、舉辦華文演講比賽、分發教科書等（利亮時，2013：107）。由上觀之，西加里曼丹（特別是許多研究參與者家鄉山口洋）與雅加達的關聯性在於因為人口移動所產生的網絡連結，因為有家人或親戚在雅加達，前往當地尋求更好生活，而當有所成就時，回饋家鄉，更加深化兩地之間的關係。山口洋人除了到雅加達之外，也有一些人前往泗水（Surabaya），約五百多戶家庭，在當地亦有山口洋人的組織「博愛慈善會」（Yayasan Sinar Kasih），於2002年成立，會員約150到160人。山口洋人向外遷徙的原因以改善經濟為主，有些是先到雅加達之後，再到泗水，其中多是透過家人或親戚網絡前往當地，就職業上來說分布於「上、中、下」階層──「上」層所指為開設工廠，經濟條件佳；「中」層遍布各行各業，例如有一小部分人集中在市場賣衣服；「下」層以打工維生（2023年2月24日）[5]。不管是到雅加達，還是泗水，皆可觀察到山口洋人向外移動以尋求更好生活的現象。由於本書研究參與者多提及到雅加達，因此以下以雅加達為主。

　　本書研究參與者多有從位於鄉村地區的家鄉移動到都市的經驗，第一個接觸的大都市通常為西加里曼丹首府──坤甸，坤甸之後則為雅加達，再到臺灣。例如蕾伊在十七歲時就離開鄉村，

5　電話訪問博愛慈善會的孫大哥。

前往坤甸，開始了靠自己打拼的生活。蕾伊談到她有六個手足，只有她一個人在臺灣發展，其他都在印尼，她認為這與自己十七歲就單獨在外的冒險精神有關。在坤甸做過許多不同的工作，例如當保姆，在餐廳工作，還有服裝店，蕾伊認為是因為她沒有學歷，只能以「拚」的態度為自己闖出一片天。後來到了雅加達，工作倒是穩定下來，在銀樓工作七到八年。銀樓老闆與老闆娘是來自邦加島的客家人[6]，因此蕾伊以客家話與他們溝通，但蕾伊提到老闆的孩子已經不諳客語。

無獨有偶，與蕾伊一樣，來自邦加島（Bangka）的芳琴也曾在雅加達（客家話以達城或巴城稱之）銀樓工作販售金子，她之所以到首都發展與外公有關。住在雅加達的外公碰到因1997年開始的亞洲金融風暴所引起的排華暴動，跑回邦加島避難，等到暴動平息之後，回雅加達時則帶著芳琴一起前往（2015年12月26日）。

出生於邦嘎（Pamgkat），成長於松柏港的淑瑩先到坤甸服飾店工作，後來因為兄姐居住於雅加達而前往，但她到那邊並非工作，而是體驗都市生活。她提到人們之所以前往首都是因為工作機會多，但雖然如此，消費水準高，而且語言使用習慣與西加里曼丹不同。

---

6 蕾伊在談到雅加達的銀樓工作時，順帶提到他們與新加坡大埔客家人所經營的銀樓亦有生意往來。

生活習慣可能那邊會比較不一樣吧，對啊，比較繁榮一點，對，那想要可能就順便體驗那邊的生活，對，因為跟鄉下完全是比較不一樣，對。那像我爸媽的話，他自己本身就是語言不通，所以他不喜歡住在雅加達，對。所以他選擇會住在那個鄉下，對啊，因為鄉下才會跟隔壁鄰居講客語啊，你在雅加達的話，大部分都是用印尼文[7]。（2015 年 7 月 23 日）

雖屬於印尼國內從鄉村前往首都的移動，但由於生活環境或是生活習慣與西加里曼丹家鄉不同，人們需要心靈上的慰藉，因此在宗教信仰上找尋通往平靜之路。例如惠明等四人都是山口洋人，但是在家鄉時大家並不認識，而是到了雅加達工作時，參加一貫道的聚會，才彼此認識，後來到了臺灣之後，再次在一貫道佛堂延續鄉緣以及道親之緣（2015 年 12 月 13 日）。

三、踏上婚姻之路

一般說來，咸認婚姻移民多屬透過婚姻仲介來臺，但值得注意的是，雖然如此，往往忽略了移民女性自身可能在因婚姻來臺之前已經來過臺灣，或是移民有其自身選擇的考量，或是來臺原因可能是讀書之後再結婚。如同唐文慧、王宏仁（2011：126）

---

7 筆者曾於 2011、2023 年在雅加達客屬聯誼總會內觀察到相同情形，會員之間習慣以印尼話交談。2023 年在泗水亦觀察到相同情形。

在研究中強調，越南女性來臺灣結婚的情況並非所有都受到家暴的陰影，或是因為人口販運而來。然而，一般社會大眾在過去媒體的片面報導之下，容易汙名化東南亞婚姻移民與抱有偏見，連帶的無法如實地認識跨國婚姻（Desyllas, 2007）。筆者亦持相同想法，因此希冀透過以下研究參與者為何進入婚姻的述說，能夠擺脫對於婚姻移民的誤識。

（一）朋友介紹

雲霞姐在結婚之前已經於1970年首次到臺灣，當時來臺灣的原因是有位朋友的兄長在臺北，雲霞姐受雇看房子、買菜與煮菜。兩年之後（1972），回到印尼。但在臺灣兩年的過程中，雲霞姐認識同樣來自印尼的華人姐妹，分別住在龍潭與新竹，住在新竹的那位朋友丈夫是客家人，與雲霞姐的丈夫阿強哥一方面是同鄉，又是軍隊同袍。朋友在新竹新居落成時，請阿強哥幫忙煮菜，朋友向他推薦可以與雲霞姐交往。在此之前，事實上雲霞姐已經有阿強哥的照片，當雲霞姐在印尼時，與阿強哥彼此開始書信往來一陣子之後，未繼續通信，後來雲霞姐自己想到臺灣發展，便再向朋友打聽阿強哥是否已經有結婚對象了，幸運的是，阿強哥並未結婚，而且剛好自軍中退伍，雲霞姐來臺便與阿強哥完成終生大事。

（二）為了生存

月雲姐到臺灣已有四十二年的時間（1981年抵臺），來臺

之前，已有兩段婚姻[8]並有兩個孩子。之所以來臺灣，月雲姐毫不諱言直指，「我來的時候就是人家帶過來結婚的，印尼的男人你也知道，都有外遇嘛！沒辦法生存才過來帶小孩，我先帶一個[9]過來，再一年我去上班，再帶另外一個女兒過來。」（2022年3月10日）月雲姐不避諱自己的感受，當時來臺灣是沒有辦法的選擇，「那時候也是很無奈啦！」（2022年3月10日）

月雲姐在還沒有到臺灣之前，到鄰居家串門子時曾聽聞有人到臺灣，當時她並不是很清楚人們到臺灣的目的為何？鄰居告知，「他就說嫁給老阿兵哥，那麼多老男人沒有結婚！我就問什麼叫阿兵哥，聽不懂啊！後來有一天我先生就是外遇了嘛，都沒有寄錢什麼的，我就跟他講我來去臺灣好了！跟我婆婆講，我婆婆講，好啊！你們去！後來就先帶一個兒子過來。就是那時候還沒有來臺灣就是先看，用媒人跟那個我先生［指臺灣的丈夫］講，有一個太太有一個兒子，你要嗎？我先生說好！我就沒有看過第二個，我就嫁給我先生了！」（2022年3月10日）

月雲姐所描述的當時印尼女性與臺灣男性通婚的確是與1990年代之後的仲介婚姻對象與形式不同。如同雲霞姐，與稍後會介紹的卿秀姐都是來臺已有四十年到五十年的印尼客家女性，當時的婚配對象皆是外省客家人或是外省人，皆為軍人退

---

8 嚴格說來，應該是兩段關係。在訪談過程中，月雲姐提到事實上是沒有婚姻關係，並未辦理結婚登記，因此當關係結束後，亦無須辦理離婚。但言談中，仍以「先生」指稱孩子的父親以及以「婆婆」指稱「先生」的母親。

9 後面會提到是先帶兒子過來臺灣。

伍，即俗稱的「老兵」，與她們有一段很大的年齡差距，至少差十五歲以上，但前提要件是已經有房子，能夠提供移民女性穩定的生活。月雲姐的第二任丈夫長期不在家，在西加里曼丹到處從事木材生意，未能盡到丈夫的責任，雖然當時月雲姐與婆婆同住，但仍表達其欲到臺灣的意願，以求生存，婆婆亦表示贊同。

筆者：你先生那時候有去印尼嗎？

月雲姐：沒有！

筆者：你自己先過來？

月雲姐：不是！跟人家一起過來，帶我兒子過來這樣。

筆者：人家帶你過來？

月雲姐：帶我兒子過來這樣！我嫁過這邊來，沒有看過別的男人，然後我自己再上班，再把我女兒再帶過來，隔一年這樣子！

筆者：這樣子哦！所以是這個過程，所以那個帶你來的人，應該算是媒人嗎？還是……？

月雲姐：不是，那個等於是我們是被他們抓來賣的啦！

筆者：哦！

月雲姐：講一句難聽，類似對不對？就是說我們沒拿到什麼錢，就是說我有我的要求，我要找一個男的、有房子、有終身俸，穩定這樣子，他就介紹我這樣子，這樣是沒有騙人啦！不會說亂講話啦！我們就嫁給他，老雖老，反正是有幫忙，幫我們養小孩就很感恩了啦！

月雲姐當時到臺灣的方式與1990年代由臺灣男性先到印尼「相親」方式有別，她與孩子是由「仲介」帶到臺灣。在她眼中，認為自己是類似被「抓來賣的」情形，因為她並未拿到錢，而是仲介獲利[10]，對象雖然年長但至少符合她的要求——「**男的、有房子、有終身俸，穩定**」，最重要的是讓她與孩子過個安穩生活。這段婚姻從務實的角度出發，雖然先生在世時，常有口角，幾年前已經過世，月雲姐仍然感念先生給她與兩個孩子一個避風港，而且兩個孩子雖非親生，也將先生視為唯一的父親。

（三）為了躲避

　　與月雲姐同樣都是在1981來到臺灣的卿秀姐，來自坤甸，與外省籍擔任軍職的丈夫結婚二十二年之後，丈夫因病過世。卿秀姐之所以來臺灣的原因與其他人不同，但與一位相對年輕的淑瑩（1985年出生，2003年來臺）相同，並非真心想來臺灣，而皆是為了躲避非意中人的追求。[11] 卿秀姐在印尼時，遇到一名男子一直有意希望與她結婚，但她不願意，因此逃離印尼，當時來臺時，還不會華語（2022年3月27日）。當卿秀姐在描述這段經歷時，她以客家話表達。

10　參閱註釋11，文後提到的英如與月雲姐看法相同。

11　淑瑩十八歲嫁來臺灣，先生大她十幾歲，當初並非真的非常心甘情願，而是發生很多事（淑瑩在訴說時，語氣聽起來有些悲哀），主要是隔壁鄰居追求，但她的父母認為如果跟那人結婚，並不好，因此希望她嫁到國外。（2015年11月23日田野筆記）

第二到又還過來問，佢姆講佢無愛你。第三次佢來到，佢遽拍桌子。無相干你牽你家屋麼儕，捉等佢手恁樣。結過佢用降頭降，佢姆該信一貫道，佢乜洽觀音娘卜問講，佢姆講，若姐妹分帶去恁遠個神明，過強個神明正醫得咧。佢放佢放無曉行，結果佢姆帶佢去問該神明，該神明當像該雞公，公雞的血殺，分佢洗，洗好咧，佢洽佢乜講，佢係無離開印尼，佢可能下二擺，係……係佢有交別人佢都毋敢答應佢。

（2022年3月27日）

　　這位男性非常中意卿秀姐，請媒人到家中探聽，母親告知家中排行老么的卿秀姐因為年紀尚輕，無意願而回絕。但對方不死心，緊迫不捨，第二次又到家中，仍不答應，到了第三次拒絕時，對方惱怒，拍桌怒罵並對卿秀姐「下降頭」。後來是信仰一貫道的母親向觀音祈求尋找解方，得到答案是要找神力更高強而且要遠方的神明才能夠醫治，後來用公雞之血除煞解降，但神明告知要離開印尼，因此卿秀姐說「那時候我媽媽姑姑叫我來臺灣，我都不會講國語，我是不得已來臺灣」（2022年3月27日）。在到臺灣之前，先到新加坡與香港看看，後來才在1981年10月「來參加雙十國慶留下來的，碰到長期飯票留下來的」（2022年3月27日）。

　　至於卿秀姐遇到丈夫的經歷，一方面是透過別人介紹，但另一方面她認為是二姐冥冥之中的安排。卿秀姐在離開印尼之前，從家鄉坤甸到雅加達工作，當時由於二姐經濟狀況欠佳，因此卿

秀姐賺錢幫她養育四個孩子，後來二姐病重臨終時，卿秀姐從雅加達回去探望她，二姐感謝她的付出，不知道該如何回報，最大的希望是她能夠找到良人，卿秀姐將自己之前因被下降頭而可能會離開印尼一事告訴二姐，但當時的卿秀姐還不知道要落腳何處，但告訴二姐會在新加坡、香港與臺灣看看之後，再做決定。卿秀姐說，她認為丈夫是二姐託夢給她的，姐姐在夢中告知是「做汽車的」。在臺灣時，鄰居介紹先生給卿秀姐認識，她詢問丈夫的工作正符合夢境內容，見過三次面之後就與先生交往。

（四）並無意願到臺灣，但為了改善家計而來

英如與淑瑩、卿秀姐一樣，並不是真的想到臺灣，但原因不同，英如排行老大，下面有六個妹妹與兩個弟弟。爸爸是乩童，幫人算命與收驚，也將媽媽種的菜拿去販賣。英如考慮到家中困苦，當時恰巧有很多臺灣男性到印尼相親，英如的朋友說：「來啦，我們來去啦，我們就會好奇說，她們就說什麼，她們說什麼你嫁給臺灣人啊，你可以不用這麼辛苦，然後什麼什麼啊，又有錢啊。」（2022年3月27日）英如雖然無強烈意願，但在朋友慫恿下就跟著朋友一起去看看，結果第一任丈夫反而對英如表示好感，事實上，當時英如仍無強烈意願，但「該媒人當得人惱你知無，就強強愛拉你愛出來樣仔啊，拉人來去有好賺啊 [12]

---

12 英如在言談間，提到已和丈夫結婚但還沒有到臺灣來之前，她住在媒人家裡兩年（1998-2000），可說是免費幫傭，而在這段期間內，公公固定寄錢給媒人，

［……］來啊來啊，［媒人］講啊，啊怎麼樣怎麼樣，佢屋下細倈當有錢樣喔。」（2022年3月27日）從英如的角度來說，她認為媒人是為了賺錢，所以一直希望英如答應。後來英如就考慮說，「也不錯欸，我心裡想，我去那邊我甚至可以幫助我爸爸媽媽，我只是想，我心裡想，自家在想，我就答應了。可是家裡人不知道啊，我爸爸媽媽不知道啊，我真的很大膽，我答應了。我爸爸說：你知道什麼叫結婚嗎？佢講：你還讀書，你仰去結婚喔。」（2022年3月27日）原本無意與臺灣人結婚的英如考慮「我去那邊我甚至可以幫助我爸爸媽媽」（2022年3月27日），改善家庭經濟狀況，但父親認為她年紀尚輕，還在年僅十六歲的讀書年齡，不知道結婚為何物，但她已答應結婚。

住在西加里曼丹內陸卡普阿斯河河邊的蕾伊，現年五十一歲，二十九歲才來臺灣，以學生簽證入境。但已近三十歲，已到適婚年齡，開始有人幫她在臺灣介紹對象，認識了大她將近一輪的丈夫[13]。蕾伊與前面三位相同，並無意願到臺灣與臺灣男性通婚，然因1997年亞洲金融海嘯，印尼陷入經濟危機，蕾伊的父親所經營的橡膠生意慘遭虧本，高價買進但來不及賣出，導致家道中落。

大部分的錢都是由媒人收走，英如父母收到兩百萬印尼盾，若以1998年7月亞洲金融海嘯過後的美金匯率計算，大約為141美元，而婆家的仲介費用總共花了30幾萬臺幣（2022年3月27日）。
13　蕾伊的丈夫已於六年前（2017）過世。

所以那時候就想說，那時候有想啦，想說朋友她們嫁過來也
算不錯，其實我從二十幾歲他們就要介紹給我，我打死就不
要。那時候我在雅加達我就打電話回去，我說，我要考慮去
臺灣，〔朋友們〕不相信，後來我的簽證辦好了，我就跟他
們講我要出發了。沒有人相信我會來這邊，完全不相信！後
來就打給我，報我媽講〔意即告訴我媽媽〕我要去臺灣了，
我媽也不相信，沒有人相信啦。因為他們知道那時候我
〔對〕那邊[14]我很反感啦，反正想說幹嘛要嫁過臺灣，印尼
那邊也有男生可以嫁嘛，他們就知道，聽了我來臺灣沒有人
相信。

筆者：而且你是有聽說嫁到來臺灣情況還是……，所以你會
　　　覺得？

蕾伊：對，不太好，那邊有男生可以嫁，後來自己來啦，他
　　　們完全沒有人信啦。（2022年1月9日）

　　蕾伊本身雖然有朋友因為與臺灣男性通婚而能過上不錯的生
活，但她也耳聞一些女性所遭遇到的不佳境遇，而且在印尼不乏
男性作為結婚對象，所以當有人在她二十幾歲時開始介紹臺灣男
性時，她一律拒絕，也因此當她真的要與臺灣男性結婚時，家人
與周遭朋友無人置信。

14　指的是臺灣。

1973 年出生的玉玲，與前述四位婚姻移民同樣是爲了改善家中狀況而出外。在到臺灣之前，已在馬來西亞砂拉越首府古晉（Kuching）工作六年半，雖然古晉與西加里曼丹同在婆羅洲[15]，但是玉玲在剛開始時卻是兩年過後才第一次回家，之後則是每年回家一次。當筆者說道，「可是也是很久」，玉玲回答：

玉玲：嘿，嘿，爲了賺錢。

筆者：對對對。

玉玲：給媽媽蓋房子，頭擺嘛阿恁多姐妹，我姆生恁多妹仔，隔壁鄰舍都會講，阿你恁多妹仔，不會放一些去臺灣、香港，喔，每個會寄錢。

筆者：做得賺錢，寄錢。

玉玲：嘿，寄錢轉來㧡你起屋。喔，我恁多姐妹聽到，很不爽。到我三、兩姐妹，兩姐妹還有我老妹出，出去做啊，出去啊，這樣寄錢，留錢、存錢，寄我姆起屋，屋起好啊，就不識煩惱恁多哩，我兜就做了。

筆者：喔，你屋下，兩個姐妹嘛躭？

玉玲：我喔？

筆者：你啊。

玉玲：我十一姐妹。

15　例如從山口洋驅車前往古晉約 8 個小時車程。

筆者：喔，十一姐妹，都，都妹仔？

玉玲：九個妹仔。

筆者：喔，九個。

玉玲：兩個倈仔。

筆者：喔，兩個倈仔。

玉玲：人才會講，放一點去臺灣、香港。

筆者：哇，九個妹仔。

玉玲：係，毋，毋有走遠，就我自家最遠，臺灣啊。

筆者：喔，那你的〔姐妹〕。

玉玲：我姐妹毋來恁遠介。

筆者：你的姐妹，痾，在哪裡呢？

玉玲：嗯，二姐在山口洋。

筆者：痾，山口洋。

玉玲：一個老妹嫁邦加。

筆者：邦加。

玉玲：一個係雅加達。（2016年1月23日）

　　玉玲家中，包括她在內一共11個孩子，媽媽一共生了9個女兒，2個兒子。鄰居見她家姐妹眾多，告訴她媽媽讓女兒嫁到臺灣、香港，這樣女兒就會寄錢回家。但是玉玲和姐妹們聽到這樣的言語是不開心的，她們當中包括玉玲有三個女兒，是用工作方式累積金錢，幫家裡蓋房，有屬於一家人可以遮風避雨之處，是相當重要的。姐妹中除了玉玲遠嫁臺灣之外，其他人都仍在印

尼。

四、初入婚姻生活

　　雖然研究參與者爲何要踏上婚姻之路的原因不一，但相同之處在於大多數的人在婚前與丈夫相處時間並不多，尤其是經由仲介成婚者，通婚雙方認識不多，在如此情況下，某些婚姻可能成爲人生一趟冒險的旅程，尤其是在剛開始的兩、三年，婚姻移民的人生進入未知階段。筆者在從 2015 年開始進行婚姻移民的研究過程中，主要接觸的對象是婚姻移民，但因不同的計畫[16]，也接觸到幾位女性移民的丈夫、孩子、老師、與此議題相關的專家學者，以及與婚姻移民信仰有關的神職人員。不同的身分所觀察到的移民婚姻生活大多與移民自身所言相符[17]，然而我們最需要的是以移民自身爲主，方能了解其婚姻生活過程。

（一）冒險之旅

　　前述提到的英如，原本是陪朋友去相親，但因爲第一任丈夫屬意她，所以媒人第二天就帶他到英如家。由於英如後來與他離婚，因此在提起過往的婚姻經歷時，參雜著以前夫或老公稱之。

16　請參閱第一章說明。
17　本書在行文中依脈絡帶入與婚姻移民周圍相關人士的觀察，散見本章與第四章。

英如家相當窮困，家中所住的房子是向人租來的，木板釘成，既不堅固，亦因爲木板之間有縫隙，缺乏隱私性，與鄰居之間可以互相看到對方在家中的一舉一動。當前夫到英如家時，看到如此住屋環境，開口說，「你嫁來臺灣，倨會買一間屋分你啦」（客語表達），意即英如假若答應與他結婚到臺灣，前夫就會買一棟房子給她，英如心想這樣可以讓父母親生活較好，因此答應婚事，很快地開始著手進行訂婚與結婚等事宜。1994年就與第一任丈夫在印尼登記結婚的英如，一年過後才來到臺灣，兩年後第一個孩子出生。

　　到了臺灣以後，與前夫住在桃園客庄鬧區中五層樓的透天厝內。當時年紀尚輕的英如，並未察覺已經年屆三十的前夫其實並沒有工作，後來英如到臺灣一個多星期之後，「我就整理整理房間，我看他抽屜很多藥」（2022年3月27日），英如才發現前夫有精神上的問題且有暴力傾向，「他會神經一來的時候，他會打人」（2022年3月27日）。

英如：［以華語說］然後就我來半年多吧，我就懷孕了，我懷孕了之後，他們才買房子的喔。他就寄了一筆錢回去喔。［以客語說］倨話著倨，驚倨走啦，試著毋敢講，你知無？［以華語說］然後就寄錢回去，在那我們買房子。［……］我純粹買給我爸爸媽媽住的，我爸爸媽媽都很開心，我爸爸更開心，有房子好住。他要是擔心我來臺灣怎麼樣怎麼樣，我說：你不用擔心。［以客語

說］爸，你毋使擔心。［以華語說］就這樣子我就生了小孩子之後，唉呦，我還沒生小孩子的時候，我老公還不會說動不動就是要打人這個樣子，可能是還有控制吃藥的方面什麼樣的。後來我生了沒多久，我老公就是神經會發作，心情很不好的時候，他就你不能講到他，講到他，他就［以客語說］狂狂喔！［以華語說］他就拿刀子喔，也敢砍人喔，好幾次這樣子，只要他一發脾氣起來夠，他們只是很疼小孩啦，他捨不得給他送到神經醫院啦，神經病醫院。［……］［以華語說］然後就生完之後，不管怎麼樣，我怎麼樣弄他，然後他就是很生氣，他拿那個刀子砍我的門喔，我馬上在房間那邊打電話出去，下去樓下，因為我在四樓啊，叫他們[18]上來救我，你知道嗎？其實我公公婆婆，他們也是很享受的人，常常就出國，可是呢，娶到我之後，他們不敢出國，是因為怕發生什麼事情。（2022年3月27日）

　　英如到了臺灣生了孩子之後，一方面承受丈夫因為精神上不穩定出現的暴力行為所帶來的恐懼，另一方面雖然終於給父母一個屬於自己的家而感欣喜，但同時害怕父母為自己操心，獨自承受壓力。尤其父親最後過世前，交代他們一定要讓他在家裡過

18　英如與公婆同住，因此「他們」指的是公婆。

世，也就是在英如爲父母買的房子中嚥下最後一口氣，可見這房子對父親的意義。

所幸公婆因爲知道自己兒子的情形，留守家中，以避免發生不幸。當時的英如，抱著尙在襁褓中的女兒，心想「我這個日子要過到什麼時候，就算你再有錢，我覺得我不幸福」（2022年3月27日）。英如看到前夫的模樣，就想起自己在印尼的叔叔也是同樣情形，她心中甚是恐懼。「我就一直這樣想到底是怎麼樣走，怎麼樣走這樣子啊。啊！我也不敢跟我爸爸媽媽講說，我在這過的怎麼樣，自己做事情當然是自己要負責啊！」（2022年3月27日）爲了不願再過這樣的生活，英如興起帶女兒回去印尼的念頭，甚至還幫女兒辦好護照，但是左思右想之後，考慮到自己回去能做什麼，後來在女兒兩歲半的時候無條件離婚，要放下女兒，心中相當掙扎，公婆也不捨得她離開，但後來還是自己一人離開婆家。因爲已經領有身分證，所以獨身在臺灣打拼度日，繼續資助娘家經濟，直到八年過後，在工作時認識了同樣來自西加里曼丹的先生，婚後生下一子。

（二）「最大的問題是先生！」

身爲印尼華人的師母與傳道，長久以來與住在苗栗之印尼婚姻移民有所互動，亦透過宗教在精神上提供支持，或協助解決生活問題。由於婚姻移民多爲女性，因此由同樣是女性的師母與她們接觸最多，若由身爲男性的傳道處理，恐怕引發丈夫負面聯想。根據師母的觀察，婚姻移民雖然在語言、文化、氣候、與公

婆相處上需要適應，但婚姻移民自己可以調整，但丈夫會對移民女性施加暴力，因此要調整的應該是丈夫。

　　我發現很多姐妹嫁過來的，雖然一大堆要適應的部分，譬如說語言文化、飲食、氣候等等，她們會比較快速的適應，然後她也是有人的才能，然後最大的問題是先生的部分，她自己調整，就冬天就穿很多衣服，但很要調整是她先生，她們有家暴的問題，以前她也是不會處理，我的經驗是以前十多年前幫忙這幾個姐妹的時候，如果你家暴的問題，就請她打給電話給我就好，我說絕對不要動不動打電話給警察，為什麼會打電話給警察呢？那我就先電話告訴她怎麼處理，最重要是我說我們沒能力就禱告，就跟她用電話禱告，或是面對不要被打的時候，你逃避、跑掉，跑就是不是真正離開家裡，短暫，你去某個地方跟小孩一起，為什麼我告訴她們不要打電話給警察呢，因為我知道尤其是苗栗，我們接觸苗栗的先生都是愛面子的，然後大男人主義，我發現太太打電話給警察的話，那個先生會懷疑她，最重要是警察是男生，怕你跟警察有什麼關係他會問，所以為什麼是我來處理，不是我先生來處理，我先生其實在印尼也是學心理學、婚姻輔導，但是我大學的時候也是有去了解心理學，所以我打電話跟她們處理，那時候已經成熟了適應了，最重要我跟她說絕對不要去離婚，以前我在臺北念書的時候，也是發現臺灣是全亞洲離婚率最高的，我嚇到了，我以為是日本，我就告訴

我們的姐妹你堅持不要離婚，到現在我還是提醒她們，那最重要的問題是家暴的問題，譬如說婆婆的關係，她會跟婆婆不好的關係，不然她住一個地方就好了，跟先生一起。對她們來說或許關係可以處理，或者我告訴她你要尊重你的婆婆，雖然你被罵，但那個是長輩，你在這裡沒有父母，到時候他們是你的父母，就會處理，但是先生如果用手，就她比較難處理，好像這個方面最重要就是家暴。（2018年2月7日）

以宗教的角度來說，離婚並不在選項之內，而是希望盡力解決，相形之下，師母認為作為媳婦的婚姻移民因為在臺灣並無父母在身邊，要將婆婆視為自己的父母，以尊重的態度待之。但是來自於丈夫家暴的問題是很難處理的，即便是報警，可能會有損丈夫的顏面，導致更糟的情況發生。

除了家暴是最嚴重的問題之外，根據師母的經驗與觀察，最重要的是臺灣丈夫與公婆應該要嘗試了解婚姻移民的文化，並非僅是一味地從本位主義出發，指責或要求婚姻移民，若不符期待，丈夫則離婚再娶。例如在苗栗銅鑼一位男性已經先後娶了菲律賓、印尼、越南三任妻子。當師母與他們接觸時，臺灣男性所娶的已是年紀差距較大的第三任越南妻子。

我見到他是已經跟越南人了，所以他很期待跟越南的太太有小孩，第三次娶越南的，他先生跟太太的年齡已經［差］很

多了，不了解這個年輕的新娘怎麼照顧，他的媽媽也是不知道文化背景，所以他那時候在吵架，都是我過去，剛好他的鄰居是印尼來的，她說師母順便關心我，也順便關心他，那時候我是不生氣，告訴這先生，這個太太是越南人，在家裡吃飯，飯比較多，菜比較少，她過來的時候又是冬天，想說怎麼飯給她這麼少，所以晚上她吃餅乾，她的婆婆說媳婦偷東西，我是告訴這個媽媽，可是我不會講客家話，所以我講中文，我說婆婆不是偷，這個媳婦是你家裡的人，她如果肚子餓可能不敢跟你講，晚上偷偷的吃宵夜，那是你的餅乾也是她的餅乾，不是偷，不要說偷，也是順便告訴她的先生，我說你要了解一點點她們的文化，如果語言方面你不懂的話，要了解她們的文化習慣，所以這方面我們的姐妹們先生、家人也是要輔導，比較重要。（2018年2月7日）

丈夫與婆婆並不了解越南妻子的問題，例如吃飯問題，越南妻子因為沒有吃飽，晚上吃餅乾果腹卻被婆婆誤認為是偷東西。師母勸戒他們要從家人共享的角度出發，並非指責媳婦偷竊。這只是例子之一，當臺灣夫家若不嘗試理解婚姻移民的語言文化，容易從臺灣人的我族中心主義出發，將婚姻移民置於較低位階，且加以道德指責，以符合臺灣人對於來自東南亞婚姻移民的想像。因此，從師母長期的經驗看來，若要減少跨國通婚所產生的問題，臺灣丈夫與夫家應該要學習並了解婚姻移民的原生文化。然而，政府長期的輔導措施卻是以婚姻移民為主，忽略了丈夫也

應該是政策施予的對象。

（三）「會發瘋！」

　　住在南部客庄的南勤到臺灣至今已超過二十年了，當回想初到異鄉的前三年，她說了三個字「會發瘋！」（2018年5月9日）。她提到臺印氣候不同，這是大自然的現象，無法改變，但是「飲食和人的相處」（2018年5月9日）卻是在臺灣頭幾年最為困擾的問題。

> 第一個我適應能力已經算很強了，因爲我不挑食，什麼都吃，我會喜歡吃蔬菜，喜歡吃肉，但是蔬菜怎麼去煮，怎麼去調味，調的合、調的對就吃光光，調不對就不吃，那也是很痛苦。譬如說我喜歡吃雞肉，那我婆婆看到，剛來臺灣的時候，看到廚房煮菜會有一瓶米酒，然後醬油，就是說米酒是來調讓這個肉不要有腥味，但是你在烹調的過程階段不對，加這個酒進去，會讓這個肉更腥、更不好吃，不是說這些東西不好，就是在調的過程，吃的肉的味道那些都很不對，沒有辦法接受，只能選擇，在桌上又很多菜，只能選擇哪一種你比較能吃的，吞的進去就吃，我婆婆也是很好心，看到我夾的雞肉比較多，吃完了，一次煮就是一隻雞，然後三、四人吃這樣，那個東西好也變不好吃了，然後吃，我只能有雞肉可以吃，她以爲［我］是伊斯蘭教，就是酒味很濃，加上她烹調的過程，因爲快速、簡單，但是她［煮］的

就是吃起來不習慣，就是不好吃，然後就是吃完了，她就買雞肉，然後我又不知道怎麼說，雞肉又出來了，想要哭，然後我懷孕的時候就不吃，吃不下，她去問鄰居，你跟她很好，你問她吃什麼，她要買，但是那個時候你還說不出來我要吃什麼，不是臺灣沒有，什麼都有，但是吃了味道不一樣，我能吃的是什麼？最簡單的是買那個牛番茄來切一切、洗一洗，放一點鹽巴跟一點蔥，這樣就可以吃了，就變成一種很簡單的解決方法，然後吃那個什麼地瓜葉，那個時候一吃就會吐，然後拉肚子，三年過後已經適應了，很久沒有吃，好想吃地瓜葉，然後坐月子的時候吃麻油雞，雞胸肉對我來說就是一個很難吃的東西，我從小就是雞翅跟雞腿，然後就這樣，我只是喝湯，那個酒味跟那個什麼，我可以忍受，麻油、酒跟薑我能吃，但是雞我不吃，她要我多吃，但是吃不下。（2018年5月9日）

　　南勤認為自己適應能力強，但首先在飲食上無法適應，主要是調味的問題。在長期接觸印尼的研究過程中，不論是到印尼當地或是在臺灣接觸到的印尼婚姻移民或是印尼華人留臺生，皆不約而同提到臺灣的口味過淡，加上印尼多使用香料，而臺灣通常只有蔥、薑、蒜，再加上對印尼婚姻移民來說「辣」是日常，但臺灣公婆並不習慣如此。口味上的不適應，此外，因為婚姻移民並不擅於表達自己的想法與需要，婆婆以為南勤喜愛雞肉，因此造成了她「一直吃雞肉」的情形。懷有身孕時，更不知道該吃什

麼，雖然婆婆甚至詢問與南勤關係良好的鄰居她喜好的食物，但南勤無法表達，她的問題在於臺灣什麼都有，但就是味道不對，而且即便是雞肉，她習慣吃的是雞翅與雞腿，其他則敬謝不敏，最後僅能以簡單的蔬果作為主要食物。

在人與人相處部分，分別是與家人互動以及鄰居對她的觀感。在與家人相處時因為生活習慣而有問題。由於臺灣在東亞父系家庭的思維下，希望娶進的媳婦擔起照顧公婆的責任，因此特別是中國籍、東南亞籍的婚姻移民通常與公婆同住。在此情況下，婚姻移民必須適應如何與家人互動，連擺設物品可能都會是一個問題，然而，相形之下，絕大數居住在臺北都會區、來自俄羅斯的婚姻移民僅與丈夫一起居住，可以自己決定家中擺飾，或物品擺放位置。[19]

---

19 由於臺灣目前為止的跨國婚姻研究以來自東南亞國家的女性為主要的研究對象，而少見其他國家相關研究。但其中可以作為我們了解東南亞女性的參照的討論分別為王劭予（2008）與蕭心屏（2010）的碩士論文。王劭予的14位研究對象中，皆為與丈夫同住的核心家庭形式（其中3位原先與公婆同住，後來搬出），其中4位與公婆關係和諧、6位關係普通、3位關係不佳。其中作者以一位研究參與者為例，說明之前與公婆同住時，在居家擺設上確實有衝突發生。此外，與臺灣男性結婚的日本女性雖然在臺灣因為來源國家與語言文化位階被視為「高級」外籍配偶，但當作為「媳婦」角色時，則不能同日而語，例如一位日本女性婚姻移民提到「來臺灣玩、工作很好，臺灣人對我們很親切，也很熱情；可是，當媳婦是另外一件事情」（蕭心屏，2010：54）。雖然在臺灣社會中，日本婚姻移民較東南亞婚姻移民處於較高位階，但是日本女性同樣面臨進入夫家之後，在日常生活中仍需面對因為文化差異與家庭關係所帶來的課題與挑戰。

家裡人跟人相處的習慣，你的習慣跟家裡面人的習慣，或是你整理好，人家這樣擺方便，然後我去擺變成不好的，就是變成一個擺錯了。（2018年5月9日）

至於在社區裡，遭受到的是他人歧視的眼光與言語。首先是因為南勤並未開口說話，大家以全身上下打量的方式以及在彼此言談之間來「臆測」她，但這對南勤來說並非友善舉動，而是一種被人估量的感受。這些出於「汙名化」的估量不僅將南勤誤認為「外勞」，更以「金錢數字」評斷南勤之所以到臺灣的原因以及將之置放在與其他家庭媳婦比較之下，「是否符合好媳婦」的標準內。

在出來社區，一開始你不講話，人家不知道你會講什麼語言，我走上去，人家就看到我的外表，從頭看到腳，就在那邊聊，我走出去又回來，他們還在聊，但是他們講的話，我都聽得懂，他不知道我聽懂這樣子，然後因為知道臺灣很多外勞，然後外勞進來幾乎都是皮膚比較黑，甚至我懷孕老二的時候，肚子那麼大，不像人家現在懷孕還穿牛仔褲，還是那種簡單的 T 恤，我還是穿孕婦裝很大，然後我老大他是得了腸病毒，然後去住院，推那個還被人家說不知道是誰，還幫人家顧小孩之類的，就是推小孩去吃飯就是外勞，我想說還講閩南語，我想她的判斷能力怎麼那麼差，有雇主願意請一個懷孕的外勞來做的嗎？我聽到這樣子，我變得不生氣，

我就笑了，然後人家會看到你的外表直接判斷，然後就是朝一個很多的汙名化，一開始看到跟你聊你常常回家嗎？每次帶回去多少錢？或是來，你先生花了多少錢？要不然她就談說某一家，娶一個媳婦要花多少錢？然後就問她說你有沒有跟著他回去，你有沒有怎樣的，還是你自己飛，飛過去的就不用錢，然後你在空中睡覺，也不用飯店、也不用錢，吃就是吞口水就會飽，這些都不用花錢，所以問一下你這些是不是都要花錢，還加一下是多少？娶一個媳婦花了多少？那最後問他你娶這個媳婦，你給了她娘家多少錢？才1萬塊臺幣，有時候2萬或3萬，其他都是他花的，去了幾趟？就全包來說娶媳婦花了多少錢？他要是遇到我一定會問，說叔叔你怎樣怎樣，後來他就是很尷尬地回答，然後假如在客家庄，也不一定在客家庄，在村莊裡面跟長輩在一起就會比較誰家的媳婦，那個誰很勤勞，誰怎樣的，然後像我是被列為不勤勞，然後不常在家，小孩還小，譬如在美濃有一些課程還是活動，我就是帶著小孩出來參加課程來學習，不幫我帶小孩就算了，還說都已經當媽媽了還去學什麼，鄰居也是一起喊，去學什麼？都當媽媽了。（2018年5月9日）

被社區鄰居誤認為「外勞」在其他婚姻移民的身上也發生過，例如住在桃園客庄的玉玲亦遭受如此誤會，而且並非被一般的鄰居誤認，而是婆婆的好朋友，當時在客廳進行訪問時，玉玲就讀小學的小兒子也在一旁坐著，當他聽到玉玲說到這段經驗

時，說出媽媽的心情「又生氣又無奈」，玉玲則表示「他是我婆婆好朋友，怎麼可能不知道我是誰？」（2016年1月23日）。在臺灣社會中，「外勞」遭受種族化，與來自東南亞的婚姻移民女性放在同一位階上，原因之一為上述的「膚色」與「外表」。

　　一般對於婚姻移民的汙名化不外乎是認為她們是因為「金錢」交易而來到臺灣，當進入夫家家庭之後，不僅要面對的是家人與生活習慣上的差異，還要面臨社區鄰里間對她們的評斷──是否勤勞持家，是否在家相夫教子。南勤喜歡帶著孩子參加活動，鄰里間認為已當上母親，待在家中就好，不需要學習，因此南勤的行為被列入「不勤勞的媳婦」。

五、在臺生活

（一）工作、家庭與自己的需求

　　本書研究參與者中的28位女性婚姻移民，在教育程度上來說，大學肄業2位、大學畢業1位、高中畢業5位、高中肄業1位、其餘19位為小學程度，或是小學肄業。就比例而言，71%的研究參與者教育程度為小學（含肄業）。28位中有5位是擔任職員17%（1位為公司職員、1位任職於與移民相關書店、3位擔任移工翻譯），其餘17位為勞工60%（包含已退休的3位在退休前為勞工），4位為家管14%，2位為自營7%。

　　若將上述本書婚姻移民職業分布對照於筆者曾經執行的計畫「臺灣客庄地區東南亞新住民及新住民二代生活適應、照顧輔導

及就學就業等需求研究計畫」中的研究結果[20]，發現有效回覆問卷中的589位婚姻移民中83%在職（蔡芬芳、張陳基，2018：81），本書研究參與者則為86%在職，比例相似[21]。在職業分布方面，本書研究參與者中的勞工工作多為服務業、工廠，與蔡芬芳、張陳基（2018）所調查的比例亦相差不遠，在該研究計畫期末報告中，細分為六類——資訊科技（例如軟體網路、電腦通訊等）、傳產製造（加工製造、農林漁牧等）、工商服務（汽車維修、徵信保全等）、民生服務（美容美髮、餐飲服務、環境打掃等）、文教傳播（印刷出版、藝文相關等）、其他（蔡芬芳、張陳基，2018：79）[22]。若將傳產製造（28%）與民生服務

20　該計畫之問卷透過70個客家文化重點發展區之公立國中內的東南亞新住民及新住民二代為問卷施測對象，一共發出1,520份問卷，有效問卷為1,178份（將新住民家長加上新住民子女各一份問卷視為一組，則共有589組）。由於有18個客家文化重點發展區中的國中因為位處偏鄉、學校人力不足而婉拒協助發放問卷，因此最後總共在52個客家文化重點發展區發放問卷，佔全臺客家文化重點發展區中之74.3%。（蔡芬芳、張陳基，2018：62）問卷樣本依縣市份數為桃園市24%、新竹縣17%、苗栗縣17%、花蓮縣14%、屏東縣10%、臺中市6%、新竹市5%、高雄市5%、臺東縣1%、南投縣1%。該計畫之問卷發放對象的原始國籍以越南以及印尼為多數，越南約佔53%、印尼佔29%、泰國3%、柬埔寨2%、菲律賓2%、緬甸1%、汶萊0.2%、馬來西亞0.2%、其他9%。受訪家長皆已在臺灣居住超過10年，平均時間為19.2年。與配偶的年齡差距以10歲差距的人數最多，其次為8歲與12歲。家長中女性佔98%、男性佔2%，26-35歲佔17.3%、36-45歲佔71.1%、46-55歲佔11%。

21　由於該計畫報告未區分不同國籍的就業狀況，而是從589位婚姻移民的問卷結果作整體分析，然筆者認為可以做為參照值。

22　依據該研究計畫調查報告，新住民目前所從事的職業以傳產製造（加工製造、農林漁牧等）佔28%、民生服務（美容美髮、餐飲服務、環境打掃等）佔24%

（24%）合併觀之，一共為62%，家管19%，與本書的研究參與者的職業分布亦相當。

在筆者研究婚姻移民並與其接觸的過程中，由於婚姻移民大多在工廠工作，所以約時間見面並不是太容易，除了每天10到12個小時的長時間工作之外，需要輪班，或假日亦須上班，若碰到年節時，在食品業工作的婚姻移民需要加班，更是難約時間。雖然工作辛苦，但她們並沒有因此而在家務勞動上缺席。其中玉玲更是每天清晨起床，不僅為家人做早餐，還要種菜餵雞，再去工作，傍晚接孩子放學，煮晚餐，或如秀美，每天從楊梅騎機車到觀音上班，雖然疲累但勤於家事（2016年1月23日田野筆記）[23]。

婚姻移民除了工作與家庭之外，也須兼顧其信仰的需求，例如蕾伊在家庭、工作與教會之間，以能夠配合家人的作息為最高原則。當筆者詢問蕾伊參加的教會是否是靠自己尋找的，她連帶地說出顧及家人與工作的考量。

以及家管佔19%。在選擇職業身分上，新住民喜歡自行創業，自己當老闆並且雇用別人，或是在公營企業工作。在選擇職務別上，新住民會選擇技術工及有關工作人員、機械設備操作工及組裝工、服務人員及售貨員等佔40%。其次是非技術工、體力工與農、林、漁、牧工作人員佔28%。在選擇從事產業類型上，新住民會偏好民生服務（美容美髮、餐飲服務、環境打掃等）佔44%。其次是傳產製造（加工製造、農林漁牧等）佔26%。（蔡芬芳、張陳基，2018：79）

23　參閱筆者於2017年所發表專書論文，蔡芬芳（2017：291）。

之前到臺灣人的教會，就是我們大湳這邊，大湳禮拜堂。我們那個菜市場啦，菜市場附近那邊有，因為工作上那時候是我在工廠上班，是老大去上課了，大人［指的是蕾伊自己］去上班，後來工廠剛開始我進去我是選擇週休二日，因為小孩子還小，他們就是週休二日，可以去陪他們，我也沒有加班。我就是固定上八個小時。小孩子下課，我就先回去我婆婆那邊，我就去接，後來因為公司上要求比較嚴，他說我要加班，我寧願晚上不加班沒關係，因為我還要做菜給我老公吃嘛，沒關係啦，但是禮拜六要加班，那後來就禮拜六加班，就因為如果禮拜六加班，我沒辦法做家事，拖地掃地呀怎樣，那這邊［指大湳教會］就早上啦，早上我這樣子好像我家裡的事我做不到，回來就剛好去桃園，因為我在找［教會］，桃園有一個，桃園那邊人就跟我講那邊有一家［教會］，我就試看去，然後下午，那早上可以去買菜呀，一大早五點就起來拖地掃地什麼的，就做這樣子，然後七八點我就去買菜，做菜，因為我老公他不愛吃外面的東西。（2022年1月8日）

　　蕾伊原本先到大湳的教會，當時在工廠上班，而且小孩還小，需要陪伴孩子，又要兼顧丈夫，再加上還要做菜做家事，同時也要滿足自己的信仰需求，在多方面考量下，找到了在工作與家庭時間上能夠配合的教會。

（二）孩子眼中的母親

本書中的研究參與者平均都是生兩個孩子，少數人生一個，也有人三個孩子。由於本書婚姻移民年紀不一，孩子年齡最大已有四十歲以上，最小的為高中[24]。隨著孩子逐漸長大，慢慢從不同角度理解母親。

「原來媽媽回一趟家，這麼遠！這麼不容易！」（2016年7月8日）宇明在高三那一年陪著母親回到山口洋，在回程時看到母親因為告別了親愛的家人而難過落淚，有感於在臺灣，家在咫尺之間，回家容易，但卻因為自己常常在外流連晚歸，相對於想回家的母親，卻是一條距離臺灣三千公里的路，母親嫁到臺灣之後，回家的次數不到五個手指就數得出來的。

第一次見到晨澄時，她還是個剛上大學的新鮮人，七年後再見，已見她入社會工作，在上班的同時，還不忘繼續進修碩士學業。她的母親清萍來自山口洋，晨澄曾與母親回去過家鄉兩次，與母親的家人維持良好關係。對晨澄來說，小時候並沒有感到自己母親與別人有什麼不同，因為「媽媽就是媽媽」（2023年3月21日），但上了小學以後，因為媽媽不太會說國語，才知道媽媽並不是臺灣人，而是來自印尼，但晨澄強調媽媽雖然不太會說國語，但會說客家話。因為母親來自印尼的身分讓年幼的晨澄感到自卑的時刻則是在與父親家人聚餐的餐桌上。父親大部分的家

24　以2023年計算。

人對母親友善與關心，但仍有少數親戚對母親抱持較負面的態度，因為母親個性內向，不善與人交際，因此不喜出席家族聚餐，席間則有少數親戚開始向父親數落母親的不是，例如為什麼都不出來與親戚吃飯？父親面對這些質疑並未幫母親多做解釋，任由親戚誤會母親，在父親一旁的晨澄心中感到不解。

筆者在與晨澄母親互動過程中，可以察覺到清萍多以笑容回應，相對於其他個性活潑的婚姻移民來說，她是相當安靜的。由於晨澄已屆適婚年齡，已有一位穩定交往的男友，她考慮到自己未來會建立自己的家庭，因此為了讓母親可以自立，想幫母親報名識字班。因為深知母親內向個性，要跨出去第一步是有障礙的，因此自己先報名參加，幫母親探路看看環境，晨澄有點自我解嘲地說，「我好像是我媽媽的媽媽，好像人家是媽媽先幫小孩看看環境，但我先幫我媽媽看環境」（2023年3月21日）。晨澄的目的是先了解老師教學內容與方式、有哪些同學一起上課，但後來晨澄自己上課過後，也與授課教師深談母親的情形，也觀察到來自不同國家的同學在下課時依國籍聚在一起，使用自己的語言聊天，在這樣的情況下，原本希望母親藉由識字班拓展社交圈的美意可能也無法達成，而且授課教師在了解母親內向的情況下，勸晨澄不需要給母親太多壓力，至少她會說中文，只是不認識中文字，最重要的是教她看病時可以自己填寫資料或掛號，待以後若晨澄結婚後搬到別的城市時，母親有能力獨自搭火車去拜訪她，亦即認識一些對母親生活來說重要的字彙即可。

晨澄的母親清萍為何如此抗拒去識字班上課，其原因可以推

到她在印尼剛讀小學的時候，當時小小年紀，在學習上遭受極大的挫折，就告訴父母說，她不要去上學，家中長輩認為這樣可以省下學費，因此就答應她不用去上學，清萍因此就不再去學校，在晨澄眼中，母親似乎也因此喪失了接受正規教育的訓練。母親告訴晨澄，其實在剛到臺灣時，也曾去上過識字班，但就是因為小時候的經驗讓她無法完成學習。晨澄才了解到，原來母親也曾經想要努力過。

宇明及晨澄是筆者在研究過程中接觸到的年輕人，他們從小到大有較長的時間觀察與反思自己與母親的關係，也較能夠從母親的成長環境與經驗看到不同面向的母親。相較於筆者所接觸過的幾位移民的丈夫，他們對於妻子原生環境的描述大多停留在去相親的時候，而有些恰巧遇到1998年排華事件前後，所以對印尼的印象停留在「恐怖」的印象中以及某些時刻，再加上只有結婚時去過唯一的一次，因此印尼對他們來說，「一直」是落後的，事實上就筆者去過數次的山口洋已有不少的改變，但在幾位丈夫的心中似乎未曾有任何變化。

（三）站上舞臺

本書28位研究參與者中，2位來臺至今十七至十八年，其餘18位二十年以上，5位超過三十年以上，3位高達四十年，其中1位甚至近五十年。如前所述，除了退休之外，幾乎多有工作，有人可能已經嶄露頭角，亦有成就。例如筆者在2015年冬天到龍潭訪問四位婚姻移民，她們是在雅加達因為宗教信仰而認識的朋

友，在訪談之前，先徵求同意是否願意錄音，但她們不願意，而且其中一位女性告訴我「不希望別人知道我們是外來的，會容易遭受歧視」（2015年12月13日）。隔了六年之後，2021年初秋在一場由桃園各社區發展協會與婚姻移民組織共同舉辦的新住民嘉年華會上見到了當時訪問的婚姻移民之一，此時的她，已經是站在檯面上，且是組織中重要的人物，同時還是知名社會服務組織成員。

當天活動上，除了兩位立法委員、桃園市市議會議長與議員、社會局新住民事務科、新住民聯合服務中心出席並致詞之外，重頭戲是身爲主角的婚姻移民身穿各國傳統服裝走秀表演與舞蹈表演，以及四位婚姻移民上台接受表揚。尤其是來自印尼的婚姻移民，來臺灣已有三十年以上的時間，在上台時，丈夫、孩子、婆婆一起陪同，致詞時都會提到她們所居住的楊梅與家鄉山口洋一樣，因爲皆可以使用客家話，溝通無礙，同時表達對臺灣的感恩之心[25]。如此的新住民活動可說是臺灣在政府開始推行與婚姻移民相關政策之下的展現，然而如此活動貌似多元文化的展現，然而實爲以嘉年華的方式展演文化多樣性，無法反映婚姻移民群體的眞實處境與改善其所面臨的社會結構下的限制。

雖然婚姻移民在臺已超過二十年以上的時間，亦有成就，但

---

25 婚姻移民在臺灣生活有苦有樂，應該是一個複雜的過程，然而因爲當天是以飲食、舞蹈、音樂、政治人物致詞所構成的「嘉年華式」展現多元文化的活動，接受表揚的婚姻移民的處境類似龔宜君（2019：74）所說的技術官僚的治理巫術。

是當筆者在現場時，觀察到如下情況，頓時感到這無所不在的幽微的性別與族群交織下的權力結構依舊存在婚姻移民女性身上。當天參加活動的婚姻移民以印尼與越南居多，因此多見穿上這兩個國家的傳統服裝的女性，搭配合宜的髮型妝容，各個亮麗耀眼。就在筆者也在現場進行觀察時，發現一位老年男性，相當近距離拍攝穿著傳統服裝的婚姻移民，但是被拍攝的移民女性無人制止與抗議，筆者因為已經有肖像權的相關素養，同時身為一名女性，可以感受如此近距離地拍攝並非出自工作所需，而是別有意圖。來自主流社會的老年男性，透過拍攝，將婚姻移民的身影收入相機內，然移民女性卻是無語面對，因此縱使是「站上舞台」，在某些角落，仍須面對壓迫。

第四章　「文化親近性」與宗教？

　　如在第二章所提及的，臺灣客家研究中最早對於婚姻移民的分析觀點始於張翰璧於2007年所出版的專著《東南亞女性移民與台灣客家社會》，該書主要論點從社會價值觀與客家文化傳承探究越南與印尼女性婚姻移民與臺灣客家社會關係，其中特別關注移民女性在語言傳承與文化再生產中所扮演的角色，因此張翰璧（2007）將她們定位為「新客家婦女」，透過日常實踐和對下一代的教養，在她們自身文化與客家文化之間進行遭逢以及再生產的過程中，持續地將新興元素注入臺灣客家社會。因此筆者認為我們可以觀察到「新客家婦女」有兩層意義：其一，因為移民來自印尼或越南的客家女性，有別於原來臺灣傳統的客家女性，再則她們原生文化與臺灣客家文化遇合之後產生新的樣貌；其二，「新」之意義在於以性別與能動性了解婚姻移民，而非如2000年之前的研究中扁平單一的客家女性樣貌。

　　張翰璧（2007）極具意義之貢獻在於將在臺灣社會自1990年代日益增多的女性婚姻移民視為了解臺灣客家社會的重要面向（劉堉珊等，2022）。在該論述中由客家婚姻移民所扮演的語言文化傳承角色中，包括飲食、語言、祭祀與生活態度（張翰璧，2007：26）。然而其中值得注意的是祭祀，在該書中內容係以傳統信仰為主，該書之研究參與者與臺灣客家夫家的信仰基本上較

無扞格，因爲印尼客家女性婚姻移民在家鄉多信奉佛、道民間信仰，因此對於嫁到臺灣的婚姻移民來說，並不會對於臺灣的祭儀或觀念感到太過陌生。

在臺灣，婚姻移民與宗教信仰之間的關係，可以分爲不同層次觀之。

（1）跨國婚姻中，可能有相似信仰，例如越南移民在家鄉多信奉北傳佛教，而臺灣夫家多拜觀音佛祖，雖然在儀式上與臺灣不同，但是基本上沒有衝突（兪明仁，2017：169）。抑或是非華裔之泰籍妻子因在泰國信奉南傳佛教，且泰國佛教信仰未禁止祭拜任何神明，因此亦未造成困擾（覃培清，2012）。

（2）不同信仰，可能會在實踐與觀念與臺灣夫家不同，有些人會堅持自己原來信仰，但也有些人接受，且不覺得有衝突。例如原信奉制度性宗教，如信仰天主教的菲籍新住民，生活在客庄之後，可能會因爲環境與適應調整原來信仰，導致在信仰上產生變化，有的移民甚至會跟著朋友到廟裡拜拜（詹靜枝，2016）。或如大多信奉東正教的俄羅斯籍婚姻移民，有些人亦跟隨夫家拿香祭祖與掃墓，甚至是婆婆在家貼符咒，亦不會感到受到干擾。其中有一位是與客家男性通婚，不僅參加祭祖掃墓，由於丈夫是長子，婆家與其他家族親戚等因此皆期待這名俄羅斯女性未來扮演起主要負責祭拜與張羅祭品的角色，她接受這個任務，在慢慢學習當中（王劭予，2008）。抑或是來自印尼的穆斯林在與臺灣人通婚之後，雖爲伊斯蘭信仰，然因認爲順從丈夫是穆斯林女性的美德，因此跟隨夫家拿香祭拜祖先（卓玉琳，

2014）。

（3）雖然跨國但同爲華人或客家之婚姻移民與夫家信仰相
同或相似，例如泰國華裔婚姻移民不需重新學習臺灣夫家的宗教
信仰與祭拜方式（覃培清，2012），印尼客家婚姻移民亦然（鄧
朵妍，2016）。

（4）跨國但同爲華人或客家之婚姻移民與夫家信仰不同，
例如移民原來信仰基督教（蔡芬芳，2017）或是來臺之後加入教
會（王素華，2016），在宗教實踐上則與夫家不同。

雖然本書將臺灣目前已有的跨國婚姻中婚姻移民與宗教信仰
之關係概略劃分爲上述四種，但需要注意的是當中仍有許多細緻
差異，即便是表面上相似的佛道信仰，但可能因爲不同宗派而有
不同觀念，例如信奉新興宗教一貫道信仰成員則有其遵守的戒
律；或是即便是來自山口洋的移民，信奉神靈的超自然的程度可
能遠遠超過臺灣夫家；抑或是以原來宗教中已有的概念來理解臺
灣的信仰，例如南桃園客家庄泰籍新住民將伯公理解爲泰國的
Chao-Thi「地方守護神」（覃培清，2012）。此外，看似不同的
宗教信仰不見得一定是衝突不容，例如前述的東正教徒或是穆斯
林，由於是女性婚姻移民，在面對夫家時，會調整自己原先的宗
教實踐，但不一定會完全放棄，在日常生活中並置存在，這端視
移民如何在外在環境（例如臺灣習俗與夫家期待）與自身信仰之
間協商。

依照張翰璧（2007：8-9）的觀點，婚姻移民的原生文化會
與臺灣客家文化不停地互動，再加上女性移民透過婚姻到臺灣，

家庭即成為其重要的生活場域，在其中需擔負家庭事務與親子教養任務，其所承載的社會價值觀成為移民文化再生產的重要資源，日常生活即為女性移民實踐其社會價值觀並傳遞給子代的場域，在此過程中，臺灣客家家庭的文化生活、族群與國族認同會因此受到影響，而逐漸產生不同樣貌。然而，跨國通婚並非隨意發生，有其需要考量的因素，如在第二章所提過的國際政治經濟因素（夏曉鵑，2002）、文化親近性（張翰璧，2007）與親屬網絡的連結，雖然個人意願與選擇亦包括在內，然需要注意的是，看似個人的決定，其背後可能也是巨觀環境與架構的影響，例如為了改善家計而到臺灣，尤其從第三章的移民生命歷程可以觀察到移民的家中原有工廠或經營買賣，但因1990年代末期亞洲金融危機而家道中落，導致於女性移民意欲幫助家計而下定與臺灣人結婚的決心。

本章欲透過信仰基督教的印尼客家婚姻移民重新思考臺印客家跨國通婚中「文化親近性」的內涵與作用。根據張翰璧（2007），跨國通婚中的「文化親近性」意指社會價值觀與語言使用的接近。社會價值觀包括生活滿意度、情慾控制與社會行為態度，文化親近性促使進一步交流的可能性（張翰璧，2007：154），亦包括性別化的親屬意識形態──越南家庭對於男女在教養態度與資源分配上隱含性別分工與階級化的差異，家庭期待女兒以家庭為中心，個性良好且有能力處理私領域事務，以便支持男性在公領域的發展（2007：67-68）。如此的情形常見於印

尼[1]與早期臺灣[2]，特別在面臨家庭資源有限的狀況下，以及在「家庭利他式經濟理性」考量下，再加上性別化的文化價值觀影響，女兒會賺錢資助家庭與家中兒子，後者因此可以受教育，且階級得以向上流動，而女兒的階級則是停滯不前，甚或向下，當女兒要向上流動時，則多透過通婚，住在鄉村的女性則藉由跨國婚姻改善家中經濟狀況[3]（張翰璧，2007：68）。

若承「文化親近性」觀點，張翰璧（2007：154）提到宗教信仰是臺灣和印尼社會在價值觀上最大的差異，因為印尼幾乎九成以上信仰伊斯蘭，伊斯蘭並非僅僅為宗教，而更是一種生活方式，這也說明為何在相當程度上與臺灣客家男性通婚者絕大多數為華人（包括客家、潮州、福建等）。張翰璧（2007：154）認為是宗教的差異，然而，需要值得注意的是，當然並非所有穆斯林皆為虔信者或嚴格遵守教義者，有些可能是「身分證上的穆斯林」（蔡芬芳，2016a），然而最關鍵的問題應是伊斯蘭在印尼是「被種族化的宗教」，亦即穆斯林等同於馬來人（蔡芬芳，2016a）。

在進入女性婚姻移民的宗教實踐之前，我們先藉由婚配對象選擇考慮、語言使用、傳統習俗檢視在看來相似但實際有些相異的文化經驗中，我們該如何思考跨國通婚中「文化親近性」。

---

1 請參見本書第三章，部分研究參與者遠嫁臺灣的原因即是幫助家計。
2 臺灣1960年代開始的女工即具體呈現此一現象。
3 不過，值得注意的是，有些並非如此，如Thai（2005）指出越南女性下嫁在美越南男性，反而是階級向下流動。

一、「文化親近性」!?[4]

（一）「想要娶一樣」vs「因爲都是華人」

　　就文化親近性而言，從本書研究參與者及其配偶來說，「客家」與「華人」是互相選擇配偶的原因之一。許多外籍女性來臺灣後與臺灣男性結婚，其中一些人是透過已經在臺灣生活的親戚介紹結識並結婚（例如淑瑩的姑姑與夫家是鄰居、或是美芬也是透過已經嫁到臺灣的姑姑介紹），而另一些人可能透過仲介機構介紹認識配偶。臺灣男性會希望與同爲客家人結婚，因爲認爲與來自西加里曼丹的客家女性操持相同的客家話，同時亦預設擁有相同的文化。[5]

> 玲娟：他一直講，我們就是客家人，想說要娶一樣。
> 筆者：一樣要客家人。
> 玲娟：華人，對對，客家人，比較能溝通。（2016年2月28日）

　　相對於男性明顯希望與客家女性通婚，印尼客家女性的出發點則以與華人通婚爲主。不過，在本書中所接觸到的研究參與

4　本小節出自筆者2017年發表之專書文章，參閱蔡芬芳（2017），但筆者在此依脈絡需要加上註釋以補充說明。

5　張雅婷提到臺灣客家男性偏好與印尼客家女性的通婚原因爲婦女傳統美德以及相同語言與風俗習慣（2005：39-41）。

者，有一位出生於山口洋，在坤甸長大，後到雅加達從事美髮工作的梅玉主動向媒人要求要與臺灣客家人通婚，因為她的媒人為她的美髮客戶，所以她熟知印尼與臺灣通婚的情形。

> 梅玉：我的媒人啊，就我的客戶啊，佢來弄頭髮，佢就來臺灣帶細倈、帶細妹轉去，專門就帶嘉義、高雄，全部講福佬話的。
>
> 筆者：福佬話的，係講福佬話。
>
> 梅玉：係啊，我就一句就聽母，講國語我哪聽有，我老公我認識他，因為他是客家人，苗栗的，佢就講四縣，啊我就通啊！
>
> 筆者：所以你在你們家都是講四縣的嗎？
>
> 梅玉：講海豐。
>
> 筆者：海豐。
>
> 梅玉：然後佢［指梅玉的丈夫］又講佢住苗栗，客家人，係啦，話就通啊。我老公也不會跟我講國語，啊來到［臺灣］我公公［說］海豐［客家話］，我家娘四縣，啊我就［能溝］通啊。（2016年2月28日）

由上觀之，梅玉已經知道她的仲介專門經營嘉義與高雄的臺印通婚，而且是操閩南語地區，她明白她會有溝通困難，因此她主動告知仲介她要與客家人結婚。雖然她操海豐，先生操四縣，但她認為不管是海豐或是四縣都是客家話，所以是可以溝通的。

在筆者與梅玉進行訪談時，她皆以四縣客家話回答。

與梅玉相較起來，其他研究參與者在接受訪談時並無提到她們特別指定要客家男性當未來的丈夫，因為對印尼客家女性及其家人而言，以與華人通婚為原則。這點在 Utomo（2020：2899-2900）分析在印尼之婚配對象選擇獲得印證，父母在孩子選擇對象時扮演重要角色，特別是在多族裔環境下，父母首先關心的是子女對象的族裔身分為何。以此觀之，對於來自印尼的客家女性與父母來說，同為華人的文化與環境才是她們為何到臺灣的主要因素之一。印尼的排華事件與氛圍促使了研究參與者前來臺灣，這與華人與原住民之關係相關（蔡芬芳，2016a）。

對於印尼原鄉生活，研究參與者皆提到與當地原住民（pribumi）[6] 的關係，淑瑩在言談中強烈表達不喜歡與「番人」相處，對伊斯蘭亦無好感[7]。如此的厭惡感是相對於臺灣的華人環境所提出的。因為對於淑瑩來說，由於在臺灣所見的人們都是與她自己相同的華人，同時她並不喜歡在印尼，甚至回到印尼雅加

---

6 哈比比（Bacharuddin Jusuf Habibie，第三任總統，任期1998年5月至1999年10月）在位時，1998年9月第26號總統令中要求官員停止歧視華人為「非本土族群」（non-pribumi）的稱呼，因此可知嚴格說來，這個詞彙並不適合再用來稱呼印尼其他原住居民，例如爪哇人等，而是指所有在印尼出生者，但人們在一般使用上仍有區分，例如在訪談中常聞研究參與者提到「他們印尼人」。

7 雲昌耀（2012）詳細地從非華人角度述說華人對於其他群體的刻板印象。筆者在2023年曾在印尼泗水執行移地教學課程，只要拜會完組織或是廟宇，要離去前，組織或廟宇人員一定會叮囑要小心，「他們」會搶，或是有些廟宇雇用爪哇人整理環境等，當爪哇人表示友善時或希望多聊天時，信眾會提醒不要跟「他們」太靠近（2023年2月7日田野筆記）。

達下飛機時到處都看到「黑黑的人」（意指原住民黝黑的膚色），讓她感到不安全以及不舒服。淑瑩是透過已在臺灣定居的親戚介紹與先生認識結婚，但另外一個重要的原因在於她的父親在印尼長期排華的情形下，希望孩子能夠到華人的地方生活，這樣的情形與張雅婷（2005）的研究中所提到的華人想法相似，亦即「留下一個根」（張雅婷，2005：50）。或是如玉月所說的，「知道臺灣沒有排華，因爲都是華人」。甚至淑瑩念到高中一年級即輟學，到坤甸與雅加達工作的原因之一係因「不想讀番人書」，由此觀察到其從華人的身分認同角度出發，表達在印尼華人處境以及與原住民關係。即便是住在華人佔60%以上的山口洋的研究參與者，當地雖然較無「排華」的事情發生，但少有與原住民互動，除了在學校之外。筆者在山口洋的田野觀察發現，華人少與原住民來往，購物或飲食多到華人店家，在聘僱店員或家中幫傭亦多請達雅人，因爲華人認爲達雅人與自己較爲相近，亦多有與達雅人通婚的華人。

　　研究參與者所描述的印尼華人經驗與其他新移民，或是印尼客僑（如利亮時、賴郁如，2012）所提到的，抑或是與印尼華人研究（如雲昌耀，2012）雷同，由此可見，印尼華人之遭受排擠打壓的經驗可謂印尼華人共同的歷史經驗與集體記憶之展現。值得注意的是，雖然排華是印尼客家與其他華人的記憶與經驗，但對於她們的臺灣丈夫來說亦是負面的經驗，尤其是玉月與文英的丈夫到印尼相親的時間剛好是1998年排華事件，這也讓他們了解到當地華人的處境。

由上觀之，的確都是出自於「文化」的考量，但值得注意的是，雙方所指涉的文化分別是客家與華人。當然，對於來自印尼的客家女性來說，她們也是說客家話的客家人，但是華人是她們在印尼的主要認同。如同美芬認爲是「這邊的 [指臺灣] 人自己強調 [指客家人]」，筆者提問，「你沒有感覺自己是客家人嗎？」美芬以肯定的語氣回答「當然啊，我們是客家人啊」，但是她認爲臺灣人比印尼人更加強調客家人的身分（2016 年 2 月 28 日）。美芬的觀察凸顯了臺灣客家特色，因爲臺灣已有做爲一個獨立族群之客家意識，再加上客家族群社會文化運動，更重要的是具有國家制定的客家族群政策，三者相互影響之下，臺灣客家因而凸顯（蔡芬芳，2016a：52）；相形之下，印尼客家人對於客家的概念係由血緣與語言構成，未形成族群意識（蕭新煌、林開忠、張維安，2007：569、蕭新煌，2013、蕭新煌，2016）。由此觀之，臺灣客家男性與印尼客家女性在通婚時對於「文化」的考量，或許皆有將客家納入考量，但印尼客家女性最主要是從華人作爲考慮的出發點。

（二）「都差不多！……又不太一樣！」

在訪問過程中，詢問研究參與者如何看待臺灣的客家文化與印尼的客家文化時，往往立刻獲得的回答皆是「差不多耶」！但是隨著話題繼續深入之後，逐漸地發現「不一樣」！以最常提到的客家話爲例，雖然可能如前述梅玉所言，會認爲是可以互通的客家話，來自印尼的客家女性在臺灣夫家家中或是跟其他鄰里、

朋友互動時的確都是說客家話，客家話對於身在臺灣的她們來說，可以減少陌生感，例如玉玲在家帶孩子時，看電視時轉到客家電視台，不過「佢講很快，𠊎聽毋識」（2016 年 1 月 23 日）。此外，客家話是印尼客家女性的母語，然而在印尼所使用的客家話已經參雜印尼當地用語。研究參與者認爲他們所說的客家話並非「純粹」的客家話。

> 敏娟：其實印尼的客家話很多，摻掉了，不純啊，你知道嗎？
>
> 筆者：𠊎知啊。
>
> 敏娟：會加到那印尼話。
>
> 筆者：有，𠊎知，所以有時候我在那邊沒有辦法完全聽得懂，因爲他們會加印尼話進去。
>
> 敏娟：對，langsung，會加到 langsung。
>
> 筆者：langsung 係麽介意思啊？
>
> 阿霞：馬上，直接。
>
> 敏娟：就馬上啊，直接啊。
>
> 筆者：這樣子。
>
> 阿霞：嘿呀，我們會加一點那個印尼話下去。
>
> 敏娟：你的 anak 幾多儕，你的細人多少？
>
> 阿霞：細伙喔，自家蠻多講細伙喔，細人。
>
> 敏娟：就會，無論如何佢就會加到一句的番話啦。（2016 年 2 月 28 日）

此外，印尼客家話與臺灣客家話的腔調與用詞有別，例如，來自山口洋的阿佳提到她是說海豐，但家鄉在桃園龍潭的先生操四縣腔，所以他們之間卻多用「國語」溝通，因為「他的客家話我不會講啊，不一樣」（2015年12月26日）。而且，初到臺灣時，例如莉芸發現與丈夫溝通上容易因為用詞不同而無法順暢溝通，例如在印尼冰箱稱為「雪櫥」，稱電扇為「風扇」。

莉芸：［客語］不一樣。

丈夫：基本上還好啦。

莉芸：不一樣。那電扇啊，冰箱都不一樣。

筆者：電扇、冰箱怎麼講？

莉芸：就雪櫥啊。

筆者：雪櫥。

莉芸：那個電扇都是風扇啊。

筆者：風扇。

莉芸：他［指丈夫］每次都講電扇，電扇。

丈夫：基本上這都可以克服啦。

莉芸：等於說我們還可以溝通的話。

> 我嫁過來，我不敢問他，我愛面子，又害羞。後來，我老公說，你去冰箱拿辣椒。冰箱拿辣椒，辣椒我聽得懂嗎，客話講辣椒。冰箱，冰箱是哪一個冰箱？比我還高喔？又不敢問他，站有五分鐘，還有十分鐘，［我］出來［之後］，他［指丈夫］說，辣椒，我說

我沒看到，他跑進去，我跟著後面去。那個門打開，
　　喔，就是冰箱喔，我不要問他，因為我害羞。他講什
　　麼，我就聽不懂。開電扇我也聽不懂，那有一個電扇
　　一拉，喔，那是電扇。反正我不會，我不會問人的，
　　對。他講什麼我也聽不懂。

丈夫：個性死，倔強啊！

莉芸：會害羞問。

丈夫：死硬頸！［意指固執］

莉芸：我跟他講說客家話不一樣，我講的客家話比較快，他
　　　也聽不懂。（2016年1月23日）

　　從上述莉芸與丈夫的例子可以觀察到雙方用語的差異，尤其在結婚之初，又因為個性關係不敢發問，導致無法順暢溝通。而且，相當值得我們注意的是，丈夫與妻子的看法不同——丈夫認為基本上是可以克服的問題，但妻子強調「我跟他講說客家會不一樣，我講的客家話比較快，他也聽不懂」。[8] 如此的差異對於來自印尼，需讓自己適應於臺灣整體社會、社區環境與夫家家庭的莉芸來說，語言差異是存在的，然而身為主體社會成員的丈夫，「自然」認為差異不大。筆者認為，這隱含了前述「上嫁」邏輯中的性別關係。

8　筆者在進行訪談時，如阿佳與芳琴一起接受訪談時（2015年12月26日），有時她們兩位彼此之間會以客語交談，筆者注意到她們說客語的速度的確很快。

除了在家中因爲客語腔調的不同之外，在外與他人互動時也可能發生相同的情形，例如同樣來自山口洋的惠明提到，「不曾去了解說［客家腔調］有幾樣，但是聽他們講出來的腔是不太一樣的，所以有時候我出去到市場那些，不敢用客家話跟他們溝通，怕他們聽不懂，我擔心是這樣，乾脆用國語溝通好了。」（2015年11月27日）淑瑩也與惠明有相同的看法，認爲她與臺灣客家人說客家話時，因爲印尼原鄉的口音或用法阻礙了她順暢地使用客語，因此她在臺灣反而以「國語」以及「閩南語」做爲對外溝通語言（2015年7月23日）。

　　此外，就語言來說，研究參與者不一定扮演著傳承客家文化的角色，因爲這與印尼客家女性在臺灣所處的夫家環境有關。28位研究參與者中有3位與臺灣閩南人通婚，一名女性淑瑩之公婆則爲客閩通婚，家中並未使用客家話爲溝通語言，而只有公公會與來訪的親戚說客家話；還有淑瑩反而相當勤於學習閩南語，例如她會透過與鄰居學習或是觀看臺灣連續劇學習，以融入臺灣的環境。在與淑瑩互動的過程中，筆者注意到她常夾雜一些閩南語用詞，並非客語。至於孩子的語言教育，淑瑩認爲學好英文才能與國際接軌，她自己本身也希望能夠好好學會英語，相形之下，客語教育並非在對下一代的教育中佔有重要性，而是具有國際代表性的英語。

　　綜上所述，印尼客家女性在最明顯的族群客觀特徵——語言上的展現與臺灣夫家環境有關。假若夫家是客家人，研究參與者基本上會以客家話作爲與夫家的溝通語言，如此的確符合「文化

親近性」的觀點。然而，需要注意的是，部分研究參與者與夫家間並非可以毫無問題以「客語」溝通，因爲臺印客語有腔調與用法之別，如此情形亦出現在研究參與者對外互動時，由於印尼原鄉的客家口音阻礙溝通，因而寧願使用華語或是閩南語。再加上，假若夫家家庭爲閩南，或是閩客通婚家庭，印尼客家女性在家庭中並無客語環境。此外，值得思考的是，對於研究參與者來說，因其移民身分，故學習華語是其在臺灣融入社會與生存的首要之道。因此，以客語爲主的語言使用可能是延續的，但也可能是斷裂的。

除了從研究參與者語言使用的情形來理解臺灣客家人所認知的印尼客家人所說的客家話，可能在日常生活中傳承與接續重要的客家文化元素——語言，然亦有可能因外在環境與對外互動而中斷或消失，但是客家話在某些情境下，可能被應用爲重組與創新其認同的元素。這與研究參與者遭受臺灣人詢問其身分或被不友善對待的經驗有關。印尼客家女性因爲其「外籍配偶」的身分遭受到外人的質疑時，「客語」的口音可以變成反擊的策略，例如阿佳因爲尚未能夠標準地使用華語而被質疑不是臺灣人時，「我是客家人，客家人因爲有一個腔」（2015年12月26日）的回答意謂著「自己是臺灣人，有口音是因爲我是客家人、說客家話」，此時，「客語」成爲在婚姻移民的脈絡下「重組」認同的要素，因爲在印尼原鄉時，周遭全爲操持客語的生活環境，無須強調自己的客家身分，然而在臺灣，其因爲口音而被詢問「你的腔不是臺灣人」時，「因爲是客家人說客家話」的關係則成爲婚

姻移民女性希望被臺灣本國人認可為臺灣一分子的說詞。筆者認為，同樣都是客家文化要素之客家話，但在移民脈絡之下，婚姻移民女性自身重新組合同一元素之新舊意義。

在「創新」部分，「印尼客家人」的身分認同可說是婚姻移民女性在移入國所產生的，否則一般說來，「華人」向來是印尼客家人的主要認同。例如阿佳面對自己女兒問她：「媽媽，你是印尼人嗎？」阿佳說，「什麼印尼人？媽媽是印尼客家人，不是印尼人這樣子。[女兒]被我罵」（2015年12月26日）。阿佳的大伯[丈夫的哥哥]在她看電視的時候說「你看得懂嗎？這樣子問我」，阿佳說，「怎麼看不懂，就你看得懂，我看不懂，我就這樣回他，很討厭」（2015年12月26日）。阿佳認為夫家親戚的話語具有歧視意味，因此強調自己是「印尼客家人」，以「同為客家人」的身分與夫家親戚共享「客語」溝通基礎。

（三）「看似相近但又有些相異」的文化經驗

在跨國婚姻下，尤其是她們在臺灣的夫家多是因為她們同為客家人的因素而結婚，當她們嫁入臺灣時，「媳婦」是她們被期待扮演的角色，除了語言上能夠溝通之外，伴隨而生的是被期待符合臺灣客家文化價值觀的生活與行為。根據從事婚姻仲介長達二十年以上的業者王先生表示，臺灣人會去娶印尼女性為妻的原因之一如下：

王先生：基本上他們現在來講，他們鄉下來講，他們保持那

種觀念還是傳統的，以臺灣來講，比起來還是比較傳
統的。

筆者：例如哪些觀念？

王先生：比如說我們最常講到的拜拜啦，過年的一些禮俗。

（2015 年 11 月 10 日）

　　業者認爲在臺灣人眼中，印尼客家女性因爲生活在鄉下，所
以與臺灣比較起來，觀念上較爲傳統[9]，此爲前述 Constable
（2005）所言之男性期待來自較「落後」或是「貧窮」國家的未
來妻子具有傳統特質與婦德。業者所說的傳統涉及了祭祀與年節
禮俗，印尼華人所過的節慶與臺灣人大致相同，所過節慶包括農
曆過年，元宵節、天穿日、清明節、端午節、中元節、中秋節、
冬至。雖然相似，但不可忽略的是臺印之間有些微差異，例如臺
灣的中元節是家庭各自在家中祭拜，當然也有集合祭拜，但在印
尼則是大家將祭品拿到廟裡拜拜，祭品皆放在地上，到午夜則有
搶孤的活動，通常由男性去搶，若有搶到則代表好運；端午節的
粽子形狀也與臺灣不同；中秋吃月餅，有口感較硬、較乾、外型
爲白色的大塊月餅，亦有販賣類似廣式大小的月餅；冬至時臺灣
客家人吃鹹湯圓，印尼客家人只吃甜湯圓。這些節慶基本上是華

9　張雅婷（2005：39-41）亦提到這點，同時指出身爲臺灣社會的主流成員——臺
　　灣客家男性以是否符合傳統特質作爲來自不同國家的婚姻移民排序的基礎，例
　　如普遍對印尼客家婚姻移民印象最好，其次爲越南，再則爲中國籍。

人共享的，不過，其中值得提出的是，在臺灣，客家委員會曾經將天穿日制定為全國客家日（2022 年改以 12 月 28 日「還我母語運動日」為全國客家日），但在印尼，潮州人也過天穿日，享用裹上蛋液油煎的年糕，並無族群之分。根據筆者在印尼所進行的田野觀察發現，他們的確如研究參與者所提到的過年氣氛濃厚，張燈結綵，到處喜氣洋洋，而且研究參與者強調過年時大家都會從外地回到家鄉，相形之下，臺灣的過年氣氛並不如她們家鄉熱鬧。

此外，由於筆者在印尼田野調查期間，觀察到華人（包括客家人、潮州人）習慣自己烹煮食物，甚至連醬汁都是自己用果汁機將香料打碎，再加上椰漿調理，或是親自做相當費工的千層糕。筆者在臺灣進行田野調查時，由於多到研究參與者家中進行訪談，亦觀察到研究參與者在工作繁忙之際，仍自己做蛋糕或是餅乾。由此觀之，這的確可以呼應前述業者所提到「觀念傳統」──不僅遵循歲時節慶，而且在年節時準備應景食物，然其背後意涵則是印尼客家女性符合傳統意涵下的婦工。更甚者，臺灣夫家期待來自印尼的媳婦之行為與價值相符於對「媳婦」的想像。例如在第三章提過的秀美，在與她進行訪談時，她的婆婆也坐在旁邊並相當稱讚秀美的勤勞與乖順，每天從楊梅騎機車到觀音工業區上班，但是回到家仍然做好家事，然而，同時，婆婆也以自身的經驗道出：「當客家人的媳婦不好當！」（2016 年 1 月 23日）秀美與其他研究參與者皆須操持家務與上班，筆者發現研究參與者中除了一位是剛生產完小孩的麗玲以及梅玉是家庭主婦，

其他人都有工作。她們大多從事勞力工作，需要輪班，或假日亦須上班，或工作時數達10到12小時。然而，她們並沒有因此而在家務勞動上缺席。其中玉玲更是每天清晨五點起床，爲家人做早餐、餵雞、照顧菜園後，去上班，傍晚五點半下班接兩個孩子放學，回家煮飯（2016年1月23日田野筆記）。

由上觀之，文化親近性確實是解釋臺印客家通婚的原因之一。然而，相較於臺灣客家男性從客家出發的考量，印尼客家女性則因印尼排華氛圍而認爲臺灣作爲華人國度提供安全的環境。因此，臺印配偶雙方對於文化的意涵有所不同。臺灣方面指的是「客家」文化，而印尼方面則指的是「華人」文化。

在臺印客家通婚中，我們需要注意印尼客家女性所處的母國社會文化脈絡在她們身上產生的作用和影響。儘管臺灣和印尼都有客家的身分，但實際上兩者的文化實踐並不一定相似，而是在不同的地方環境和脈絡的影響下塑造出不同的面貌。以語言爲例，即使居住在客家人爲多的鄉鎮，印尼客家女性與丈夫並不一定能夠溝通，因爲口音、腔調和用法不同，她們反而偏好以華語溝通。此外，印尼客家女性體認到英語作爲國際語言的重要性，認爲讓孩子學習英語更爲重要。她們以嫁入臺灣家庭的性質和夫家的客語腔調和用法，來決定是否繼續使用客家話，但她們主要還是以學習華語作爲融入臺灣社會和生存的首要途徑，並以「華人」作爲自我認同身分。當以外籍配偶身分而被歧視其華語腔調時，她們會以帶有「臺灣認同」的客家認同自稱爲客家人，這是認同意識的重構現象。而當她們印尼人的身分受到歧視時，她們

會以與夫家共享的客語溝通基礎爲依據，強調自己是「印尼客家人」，這是創新其認同意識的展現。除了語言之外，印尼客家女性在節慶禮俗等文化經驗方面更接近臺灣，但仍存在一些差異。這些差異提醒我們注意印尼客家女性的原鄉文化背景和個人經歷，這再次讓我們思考文化在臺印客家通婚中的意義。

希望透過上述思考，重新探索文化親近性在臺印客家跨國通婚中的意義。我們要注意印尼客家女性與臺灣客家夫家之間如何解釋彼此的文化行爲。在「都差不多！……又不太一樣！」和「看似相近但又有些相異」的文化經驗中，我們看到了共同和差異之處。這些意義在於，儘管臺印共有客家之名，但由於印尼客家女性的原鄉文化實踐和個人生命經驗，我們一方面得以了解到臺灣客家的特色，另一方面也因此認識到印尼客家的面貌。

二、移民與宗教

（一）西加里曼丹宗教地景 [10]

由於本書的研究參與者多來自西加里曼丹之山口洋或周邊城市，因此在論及宗教信仰時，將以山口洋的宗教地景作爲認識婚姻移民原鄉生活的背景。由於山口洋華人居多，且有眾所皆知的

---

10 本小節改寫自筆者於 2022 年所發表的專書論文〈印尼後蘇哈托時期的華人政治參與和性別秩序：以山口洋市長蔡翠媚的從政之路爲例〉，收錄於張維安主編《客家與周邊族群關係》，頁 221-245。新竹：國立陽明交通大學出版社。

「千廟之城」稱號，同時又有享譽國際觀光市場的 Gap Go Meh 「元宵節乩童遊行」，因此一提到山口洋，立刻聯想的即是具有華人色彩的佛道民間信仰，然而本書中的部分研究參與者為基督徒，因此我們除了佛道民間信仰之外，婚姻移民所信仰的基督教亦將會是本章處理的議題。

在 15 世紀之前，華人已經開始通過貿易與印尼群島建立聯繫。到了 18 世紀中葉，來自嘉應州、惠州、潮州等地的客家華人應當地酋長或蘇丹的招募，踏上西婆羅洲的土地開始從事採礦工作。他們跨越了血緣和地緣的限制，組成了共同管理公司（kongsi），其中以羅芳伯集結其他公司成立的蘭芳公司最為突出。蘭芳公司不僅團結鄉親、提高效率，還與馬來統治者進行交涉，成員之間互助合作，共同管理公共事務，具備民主的意義，因此被稱為蘭芳共和國（1777-1884）（張維安、張容嘉，2009）。由於當地華人定居下來，形成了「華人區」（Chinese District），其中以客家人為主要居民（Heidhues, 2003：13；Carstens, 2006：89）。

在西加里曼丹的人口結構中，除了馬來人和達雅人之外，華人是當地的三大族群之一，此外還有來自外地的馬都拉人。在新秩序時期，西加里曼丹發生了許多衝突，涉及的是不同的族群間的關係。例如，1967 年，印尼軍方因為反共策動，策動達雅人攻擊華人；在 1969 年至 1983 年期間，達雅人和馬都拉人之間發生了五次衝突（Davidson, 2008：89-90，轉引自 Prasad, 2016：135）；而在 1999 年和 2000 年，馬來人與達雅人之間發生衝突，

這是因為他們競爭原居身分（indigeneity）的合法性（Prasad, 2016：135）。這些衝突發生在華人、達雅人、馬來人和馬都拉人之間，並未涉及宗教因素，也就是說，衝突並未以佛教徒、基督徒或穆斯林等宗教身分作為標識，而是以族群名稱來描述（Prasad, 2016：135）。

Prasad（2016：135-136）指出我們必須認識到族群問題中的兩個要素：1. 所提及的衝突加強了原住民與新來者之間的分裂。具有諷刺意味的是，因為有外來的馬都拉人作為對照，華人被視為當地人（putra daerah, sons of the region, natives），這使得華人在西加里曼丹能夠共享權力，並顯示他們在該省的合法居留地位。2. 這些衝突導致了分類的活化，但並未直接將基督徒與達雅人等同起來，或是將穆斯林視為馬來人的代名詞。事實上，信仰伊斯蘭者還有其他族群，例如達雅人。

西加里曼丹的客家人是從採礦開始在異鄉生活的「邊緣地帶拓荒者」（Borderland Frontiersmen）（Kuhn, 2008：39）。面對周圍的馬來人和達雅人，他們一方面要保持自己的文化，另一方面與當地人通婚並建立經濟關係（Heidhues, 2003：12-14）。因此，他們與中國或其他海外地區的客家人有所不同。從中國移民至西加里曼丹的開墾歷史，以及長期以來在印尼被排斥的公民身分和面臨生活威脅的情況下，宗教信仰對這裡的華人至關重要。特別是山口洋，被稱為「千廟之城」，可見宗教在華人生活中的重要角色。尤其是在移民初期，宗教凝聚社群內部，同時具有經濟、政治和管理的功能（Chan, 2013：143）。在當代，宗教繼

續在安撫身心方面發揮其作用。根據2019年的統計數據，在山口洋市約22萬人口的規模中，廟宇（Vihara）有60間，神壇或佛堂（Cetya）有789間，佛塔（Klenteng）有92座（Badan Pusat Statistik, Kota Singkawang, 2020：235），數量驚人。山口洋當地與宗教相關的節慶中，尤其以元宵節的乩童遊行最為著名。自2008年（黃少凡任內）開始，大規模慶祝元宵節，不論是乩童還是觀眾，都有達雅人和少數馬來人參與遊行。

從宗教人口可看出佛教徒佔第二位（參閱表二），比例為33.81%，穆斯林佔52.91%、基督新教5.37%、天主教7.43%、印度教0.02%，其他則為0.44%。[11]。

表二　山口洋市2019年宗教人口

	伊斯蘭	基督新教	天主教	印度教	佛教	其他
Singkawang Selatan 南區	20,843	3,933	4,502	30	26,015	418
Singkawang Timur 東區	6,960	3,065	7,866	6	6,074	31
Singkawang Utara 北區	25,729	322	187	1	4,149	118
Singkawang Barat 西區	16,905	3,311	3,487	13	32,410	357
Singkawang Tengah 中區	55,187	2,140	1,608	5	11,636	121
總數	125,624	12,771	17,650	55	80,284	1,045

資料來源：Badan Pusat Statistik, Kota Singkawang（2020：233）。

---

11 依據Badan Pusat Statistik, Kota Singkawang（2020: 233），各宗教人口數相加總數為237,429，與前述222,910人數有差距。文中的百分比由筆者計算所得。

（二）相似然有差異的佛道信仰

　　本書的研究參與者之宗教信仰，除了下一節要討論的基督教信仰之外，大多數人則以佛道民間信仰為主，其中有五位是一貫道，其餘則沒有特定信仰而是「求心安」、「拜平安」。本書認為，大多來自山口洋的婚姻移民，她們在當地信仰觀念與氛圍影響下，所展現出對信仰的態度有別於臺灣。尤其是對於超自然與神靈的相信，從當地人以及在臺灣有所接觸的婚姻移民言談之中常有聽聞，例如筆者曾於2014年在山口洋度過中元節，當地人則在中元節的隔天訴說著靈異經驗。例如中元節當天在三條溝大伯公廟晚上九點開始搶祭品的時候，有一名男性被沖到當場死亡。或是前一年（2013年）也有人心臟病發。當地人說這鬼很兇，另外一位則從手機找出在邦嘎（Pemangkat）有鬼的照片，該城市在山口洋北方，距離30公里，中元節祭拜規模比山口洋大很多，另外，也是有人當場沖煞過世（2014年8月12日田野筆記）。抑或是在臺灣遇有信仰一貫道的婚姻移民，在言談間常會提及信仰的重要以及一些不可思議之事（2022年3月27日田野筆記）。甚或如將近五分之一的研究參與者會提到家人為乩童一事，例如在第三章曾經提過的英如父親是乩童，抑或是例如玉月的父親、秀美的父親（原來是基督徒，但後來會起乩）、英雲的弟弟、蕾伊的祖父皆是乩童。此外，恰巧的是玉月的丈夫在臺灣也是乩童。當時訪問玉月時，丈夫也在一旁，說道：

　　　　因為我本身也是吃神明飯，她爸也是吃神明飯，去相親的時

候，因爲個人習俗，她爸要問神，神明答應他才肯把女兒嫁。在我之前也有人去他家相親，她爸問神明，神明說不是很好，所以就沒有嫁，因爲他民間信仰不同啊，她爸像做類似神明壇的，類似乩身，有什麼事情一定要經過神明同意，像我就不用經過神明同意，我們臺灣佛教來講的話，每個神的神格不一樣，釋迦摩尼算最大的神，不用經過他同意，我們自己決定就好。（2016年1月23日）

玉月的丈夫提到自己和岳父同樣都是「吃神明飯」，不過岳父是「紅頭」，他自己則是「黑頭」。他點出和岳父主要的差異在於岳父有事情要問過神明，例如是否能夠將女兒嫁給適合的人，意謂著信仰力量在日常生活中產生普及作用與深遠影響。

山口洋廟宇眾多，表示信仰在該地生活中扮演重要角色，例如求平安、健康、財富或是要出遠門（2016年2月25日田野筆記）或是結婚儀式中（2016年2月24日田野筆記），甚或是遠嫁臺灣之後，仍請山口洋家人代爲祈福或問事[12]。山口洋爲何廟多，根據Elena Chai（2017：13-15）在其書中 *Of Temple and Tatung Tradition in Singkawang*（《印尼山口洋神廟與乩童的傳統》[13]）引用山口洋中央大伯公廟（*Cung Yong Pak Kung* or *Pekong Pusat* or

---

12　由張維安與張翰璧依據其田野經驗告知筆者。
13　中文簡體字版譯者爲陳琮淵、盧裕岭譯。

Vihara Tri Dharma Pusat Kota[14]，2000）介紹手冊中的文字，提到該廟建於1878年，當時的山口洋是要到打勞鹿（Monterado）挖金礦的礦工轉運站，森林密布。華人信仰中認為每座森林內都會有一個守護神。設立敬拜大伯公的廟宇被視為具有保護人們的功能。當時中央大伯公廟還不到今日規格，而是讓來自山口洋之外的人們在路途中有個搭棚，作為中繼站以便歇息，直到1920年才蓋成廟，然不幸在1930年的城市大火中，廟宇遭毀，而後於1933年重建時，當時荷治政府並不同意，直到荷殖官員夢到大伯公才答應重建廟宇。中央大伯公廟強調自己與其他土地神廟宇的獨特性在於大伯公手中握有如意（玉），而非一般所持帶有酒瓶的拐杖。如意玉飾意味著豐饒與財富。每逢華人農曆新年與元宵節時，來自西加里曼丹、印尼其他地區或是國外的民眾都會湧入中央大伯公廟敬拜與祈求神明保佑，所有乩童或其他靈媒在開始淨路的儀式之前向神明祈福，保佑大家，合境平安。

由上述文字得知，山口洋廟多與乩童多的原因是來自於人們相信舉凡各地——岩石、山坡、河流與樹木皆有精靈（*penunggu*），通常精靈不會傷害人們，除非祂的地域範圍被入侵或被打擾，一旦如此時，精靈會使人生病或被嚇到心神不寧，此時就需要乩童的協助，以安撫精靈，而之所以到處設立大伯公或是土地神廟宇，即是可以保護人們不會受到超自然力量的影響，而乩

---

14 Vihara Tri Dharma Pusat Kota意為「市中心三教廟」，這是正式登記於山口洋宗教部的廟宇名稱（Chai, 2017: 12）。

童更是擔任人們與超自然之間的中介者（Chai, 2017：15）。

　　山口洋除了廟多之外，乩童也多，如印尼學者 M. Ikhsan Tanggok（2015：81-82）在書中談到的，縱使人人可做拜拜儀式，但仍然依靠具有神力者或道士作爲神靈與凡間的媒介。在山口洋，*tatung*[15] 用來指稱具有與超自然溝通能力者，特別是神靈，男女皆可，其做爲神靈與人類之間的溝通媒介，即人類學中所稱之靈媒（medium, spirit medium）。山口洋自 2008 年開始將元宵節遊行納入印尼國家級觀光活動之後，*tatung* 一詞變得相當流行。當地客家人稱之爲 *phan tung*，中文書寫爲「邦童」，確切意義不得而知，但一般指稱爲有能力作爲「邦童」者，是神明選擇附身於其身軀以傳達神旨（Chia, 2007：47）。另一個當地人常用的詞彙是 *cho ki*，書寫文字爲「坐基」，亦指被神靈附身者。有些長者認爲 *tatung* 是較粗俗的語彙，客語以土話（tu fa）或粗話（chu fa）稱之，而 *phan tung* 或 *cho ki* 是較有禮貌的用語（Chai, 2017：47）。山口洋的 *tatung* 不只是在元宵節遊行中穿刺臉頰或身體作爲表演，平常則是透過神靈治癒人們病痛或是解決一些常理無法解釋的事件（Chai, 2017：47）。Chan（2013）認爲 *tatung* 一詞來自於 *tiao tong*（「跳童」），意爲「如靈媒般跳

15　山口洋周邊地區使用詞彙如下：在潮州人居多的坤甸，當地也多以潮州話做爲溝通語言，稱爲 *lok tang*（「落童」）。在砂勞越，即便是客家人，也稱爲 *lok tung*（「落童」），並非如山口洋客家人所稱。在西馬則稱之爲 *tangi*（「童乩」）。

躍或跳舞」，另一個詞彙 *tatung*（「打童」），則意爲「作爲靈媒表演」（perform as a spirit medium）。

筆者在山口洋進行田野調查時（分別爲 2011、2012、2014、2016），當時進行的是與客家人改信伊斯蘭的相關研究，當時有兩位男性研究參與者都提到在成爲穆斯林之前，都是乩童（蔡芬芳，2016a：193-194），此外在當地進行田調時，常會聽聞人們談論元宵節乩童遊行，或是後來在臺灣進行與印尼婚姻移民相關研究（2015 至 2023）[16]，也常會聽研究參與者談起他們都不太敢觀看乩童遊行，害怕看見乩童臉上或身上穿刺刀劍。雖然如此，在自 2011 年開始的研究旅程中，或多或少可以觀察與感受到人們對於乩童的看法。Chai 在該書序言中說明她如何開始進行乩童研究的緣起——她於 2016 年從古晉搭車前往山口洋的路上，車上有另外不認識但同行的六位乘客，包括司機在內，大家都是來自山口洋客家人。其中一位先生接到家裡的電話，告知尚在襁褓中的兒子整夜哭鬧不休，他告訴家人立刻將孩子送到 *phan tung* 那兒。當 Chai 欲了解事情始末時，一位婦人則插話說「永遠別懷疑神明可以做什麼來幫助我們。而且不是所有的事都可以用科學解釋。阿妹[17]，古晉人生病找醫生，我們山口洋人可是先找神明幫忙，如果很久不會好，我們才去醫院」。婦人的丈夫在一

16　請參閱第一章有關本書「研究資料」的說明。

17　在 Chai 的書中書寫爲 Ah Moi，該詞彙有其他寫法，如 Amoy，或 Amoi，客語稱阿妹，意爲女孩。

旁繼續說道，「通常在求神明幫忙過後，都會變好」。這段經歷深深引發Chai研究乩童的動機（Chai, 2017：xii）。乩童在山口洋人的日常生活中具有全面性的影響，從搬家到結婚、為新生兒取名、遇鬼卡陰生病、感情或婚姻或姻緣問題，最常見的是求乩童給簽彩票的號碼，當然還有治癒疾病（Chai, 2017：xiii）。

（三）當「文化不親近」時——信仰基督教的媳婦與婆家

根據2018年統計，西加里曼丹信奉基督新教者人數達623,839，就印尼所有行政區來說，該省排序第10名（Biro Hubungan Masyarakat Data, dan Informasi, 2018），西加里曼丹亦是印尼華人基督徒佔多數的地方（Soleiman and Steenbrink, 2008：903）。

印尼華人信仰基督教與荷蘭統治殖民有關，同時在殖民政權下，由於華人為「外來東方人」（"Vreemde Oosterlingen"/ "Foreign Orientals"）（Coppel, 2005：1）且被賦予某些掌控經濟的特權，因此在印尼普遍認為華人與基督徒高度相關（蔡維民，2004：81-82）。此外，華人信仰基督教與1965年的九三〇軍事政變事件（Gerakan 30 September）有關，印尼政府為了防堵無神論者的共產黨勢力，因此規定所有公民必須在身分證上登記宗教身分（Hefner, 2021）。相對於經濟狀況較差的穆斯林，華人掌控經濟，且又是基督徒，容易遭遇有如蕾伊以下所提到的情形：

就是我們印尼那邊，基督徒是被逼迫的，要看地區啦，不是

每一個地區啦，畢竟那邊回教[18]他們比較強，而且強沒有關係，他們有那個排斥，還有那個，那個我講不出來……就是排斥我們華人跟那個基督徒這樣子呀。（2022年1月8日）

筆者以前任雅加達省長鍾萬學為例，說道「如果假設你又是華人又是基督徒，可能，像之前那個雅加達那個Ahok[19]，就是鍾萬學，就是因為華人又基督徒。」[20] 蕾伊接著說：

因為他們那邊的觀念就是說，你是基督徒還可以，你如果又是華人，而且你當官，而且是雅加達首長，因為他們是誹謗，就是踐踏他們那個古蘭經裡面的內容，其實是沒有，因為他那時候他被關兩年，那邊的政府有給他減免時間，他就不要，就是關到出來。（2022年1月8日）

由於本書信奉基督教的婚姻移民，雖然家鄉在西加里曼丹（有人來自山口洋，但有些則是坤甸），但後來移居雅加達。因此研究參與者以從印尼整體的角度來談基督教徒在印尼的情況。

18　一般說法皆以「回教」指稱伊斯蘭。

19　鍾萬學為來自邦加—勿里洞的客家人，Ahok為其以客家話發音的小名。

20　鍾萬學在2014到2017年間擔任雅加達省長，但於2017年選舉時被遭誣陷褻瀆古蘭經而入獄服刑兩年，2019年期滿出獄。鍾萬學事件意味著既為華人又是基督徒的身分讓他的參政之路阻礙重重。

在印尼改信基督教者首先碰到的壓力主要是來自家庭的反對，但是他們認為「是被上帝圈選的，已在生命冊中」，以此作為對抗外在壓力的堅定後盾。因此，在印尼，外在環境中，基督徒最大的壓力來自於伊斯蘭，家庭內則是父母因為祖先祭祀等宇宙觀而無法贊同，但研究參與者會以自身的行動讓父母最終接受自己的信仰，有些家人會受到影響而改信。至於到了臺灣，面臨的壓力來自於初到異鄉的外來移民，同時需擔負夫家家族祭祀責任的媳婦，因此適應上有其困難。雖然婚姻移民已經知道臺灣以信仰傳統民間宗教為主，但乍到之時，適應不易，例如琪芬如下表示

> 來臺灣，知道臺灣大部分是佛教嘛，所以什麼都是要拜拜，拜拜的地方也蠻多的，還是很不適應阿，三不五時要拜拜。什麼初一要拜、十五要拜，然後中秋節、清明節，什麼節都是要拜拜，然後我們的感覺基督教沒有什麼好那個的，只有兩個比較大的，復活節跟聖誕節就沒有了啊。可是以前我感覺在臺灣好辛苦，信基督教的話以前蠻辛苦的，因為你會分心，你在生活裡面的話在一個家庭嫁過來的話大部分是佛教，不是基督教，我老公是佛教，然後等一下我去教會，又會說為什麼沒有拜拜什麼的，比較難。所以很多在印尼信基督教可是變來這裡信佛教。（2022年2月6日）

對於基督徒來說，主要慶祝的節日是復活節與聖誕節，相較

之下，一般信仰佛、道或其他民俗宗教²¹的臺灣人多以拜拜爲主，從平常的初一、十五（初二、十六）與其他重要節日都會以拜拜方式進行。琪芬認爲身爲基督徒的婚姻移民面臨兩層挑戰，其一來自臺灣整體社會環境——民眾祭拜行爲與習慣以及寺廟普及；其二則是來自移民的婆家多爲傳統民俗信仰或佛道信仰，身爲妻子與媳婦的角色，需要配合夫家的信仰習慣，無法專心一意於自己原來的基督教，因此是相當辛苦的，在如此情況下，有些婚姻移民則是跟隨夫家的信仰而捨棄了基督教。本書中的信仰基督教婚姻移民，如琪芬與其他人，可說是在婚前就表明自己的信仰，同時在結婚之後，依然堅持自己的信仰，但她們在婚嫁之後首要面對的問題即是祭祖，這也是筆者之所以會注意到信仰基督宗教的婚姻移民在客家婆家中的角色，係因祭拜祖先是臺灣婆家著重的宗教實踐，然而當不同信仰的媳婦進入家中，特別當其配偶爲家中長子時，身爲媳婦的婚姻移民與婆家之間在宗教實踐上該如何調和，則是本章所欲探究的問題，同時亦針對「文化再生產」再進行思考，在進入此主題之前，首先介紹婚姻移民信仰基督教的背景以及她們爲何在臺灣參加教會，其次是教會在婚姻移民生活中所扮演的角色，最後則是婚姻移民如何協調傳統信仰與基督宗教，以及她們對婆家的影響。

---

21 但大多數人習慣上皆將傳統民俗信仰與道教信仰歸入佛教信仰，不加區分。如研究參與者琪芬在訪談中的表述方式。

1. 為何參加教會？

由於傳道與師母所接觸到的婚姻移民大多在臺灣已有二十年以上的時間，大多已經穩定下來，「因為她們都來臺灣已經蠻久了，〔能〕適應的已經適應了，如果不適應的就離婚了」（2021年12月15日）。然而，當傳道回想過去與婚姻移民相處的過程，通常會提到的是婚姻移民在臺灣的初期階段——「不認識的人突然你跟他結婚，但是前面那個真的很痛苦〔……〕她很辛苦，我們一直鼓勵，〔她〕辛苦，就伴著她啦，給她什麼米啦，她已經比較穩定下來，孩子都高中畢業，上大學，所以我說〔現在〕比較穩定的時候啦」（2021年12月15日）。傳道所提到的「辛苦」是來自於透過仲介與素不相識的男性結婚，有著年齡、文化、個性、生活習慣上的差距，而且因為在印尼時，並非真正了解與認識男方，到了臺灣之後，才發現與所想像的差距甚大，或是一來到臺灣就必須開始賺錢養家[22]，抑或是如第三章所提到英如抵臺之後才發現丈夫有情緒障礙的問題。

在臺灣參加基督教會的婚姻移民，希望透過信仰獲得支撐自己在異鄉繼續生活下去的力量，雖然筆者所接觸到的研究參與者皆為本身在印尼時即為基督徒[23]，當中有人出身於基督教家庭，

---

22 筆者在印尼山口洋認識一位本身為潮州人的女性，嫁到臺灣之後，因為丈夫與婆婆嗜賭之故，即在尚未獲得工作許可的狀態下就開始工作負擔婆家經濟支出。

23 西方殖民統治引進基督教信仰，目前近一成的人口為基督徒，不可小覷其影響，也成為左右印尼族群政策的關鍵少數。在獨立建國之初，伊斯蘭教徒在驅

有人可能是自己在印尼改信基督，「基督教發展在哪裡？在苦難中發展，所以鄉下裡面苦難的人他們是靠上帝、信上帝得到那個很大的喜樂。」（2021年12月15日）但對於移民到臺灣的研究參與者來說，移民經歷可被形容為一種「神學化的體驗」（Smith, 1978：1175）。移民過程是一段密集且有時痛苦的旅程，失去了曾經熟悉的秩序，因此需要透過宗教來解釋這種體驗。當移民面臨失落、分離和未來的迷茫時，信仰為他們提供了表達自己感受的詞彙和解釋的意義，宗教團體（或社群）則提供了支持和親密感（Smith, 1978：1181-1182）。為什麼宗教對移民來說如此重要呢？宗教能夠在困難時給予他們力量，將其視為一個新環境中的認同標誌。如果移民遭受羞辱、受傷、暴力或貶低，宗教可以成為調和和療癒的來源（Schreiter, 2009，轉引自Frederiks, 2015：14）。宗教能夠賦予移民意義，並幫助他們解決適應問題。如林娜娜所言「唯有祂能做到！」（林娜娜，2018）。[24]

我自小在印尼長大，小學二年級跟隨家人到教會，開始參加

逐基督徒荷蘭殖民者上居功厥偉，使其一度夢想要把印尼打造成一個實施伊斯蘭教法的國家；然而因為基督徒揚言出走進行反對，才型塑出印尼是一個宗教國家而非伊斯蘭國家的樣貌，而基督教也成為印尼所承認的六大宗教之一（謝國斌，2019：108）。

24 林娜娜（2018），〈唯有祂能做到！〉，《工福之友》第33卷第2期，3月號，2018年3月發行。

兒童主日學，從此開始接觸基督信仰，成為一位基督徒。2008年［誤］[25] 印尼發生排華問題，我也同時遠嫁臺灣。因著我與丈夫有十六歲的年齡差距，加上成長背景、文化差異的不同，婚姻面對很大的問題與衝突。我們的性格不一樣、想法不一樣、表達的方式也不一樣，他的性格強硬固執，又有喝酒的習慣，常常讓我覺得很受傷、委屈與無助。那時的我幾乎天天哭泣！感恩的是，我在苗栗認識了其他的印尼姐妹，隨著她們到了教會。因著那裡有許多同鄉姐妹使用熟悉的語言，大家也非常友善熱情，一同敬拜、讚美上帝，我因此非常的喜樂！對於一個剛來臺灣，語言不通、在適應上面對許多挑戰的我而言，教會真是個美好的地方！（林娜娜，2018）

因為上帝與教會給林娜娜支撐的力量，使得她能夠撐過丈夫酗酒與家暴行為，而在上帝的介入下，丈夫終於戒酒成功，雖然未信教，但支持林娜娜與孩子們到教會去服事。因此林娜娜在文末寫道「若不是神的介入與幫助，我何德何能經歷這一切的改變？Puji Tuhan！（讚美主！）」（林娜娜，2018）。

林娜娜在小學時成為一名基督徒，基督教本來即為她的信

25　此處應為年代誤植，因為印尼於1998年發生排華事件，而非2008年。再者，依照文中林娜娜所提到在與丈夫結褵十五年時發生丈夫喝酒之後對她家暴事件，以及在文末提到「我看見這十九年來，上帝如何看顧保護我，堅固我對祂的信靠」，因此以文章出版的2018年計算，林娜娜應是1998年或1999年抵達臺灣。

仰，當她到臺灣展開人生另一階段的生活之際，頓時面臨重整生活秩序，而且與丈夫之間有著需要努力適應方能跨越的鴻溝，對她來說大不易，因此堅定的基督教信仰以及與她同樣來自印尼的姐妹們幫助她面對生命低谷，撫平她感到受傷、委屈與無助的情緒，林娜娜因此感到是被支持的，而且與同鄉說著相同語言帶給她親密感，讓她獲得力量面對乍到臺灣的生活。婚姻移民所面對的失序是來自身分與環境的雙重改變，年紀尚輕時，身分與角色從年輕女孩、女兒轉變為某人的妻子、媳婦、母親；環境上從熟悉的印尼家鄉轉變為陌生的異鄉，這些都再再是生命中的挑戰，宗教信仰、基督教會、同鄉且同為婚姻移民的姐妹們皆是在其生命陷落時的最佳陪伴者。

雖然婚姻移民欣喜有上帝與教會姐妹的支持，但事實上要到教會參加聚會並非易事，傳道需要開車接送。

> 苗栗的民間信仰呢很保守，你知道那個要到我們教會，還好她們住比較山上，公館比較遠一點，大湖比較遠一點，每次要去教會呢，我要去苗栗市買東西，常常來的先去教會，後來說，「傳道，可不可以送我們去買東西？」，開車帶她去火車站一下下，而且她們買那個啦，印尼料理，泡麵呀，婆婆問她為什麼那麼久，見到老朋友，會來教會。我們一個禮拜兩次，她看她的婆婆的面子，她的臉色，真的，如果每一個禮拜呀，她突然看到婆臉色好，她就出去，如果教會沒有他們也不行，所以就我們都是輪流來的。一個月來一次。

［……］我開一個車那個載卡多，很大，一排兩排三排，後面還有空間，也是我去接他們，載多少個，二十七個，（筆者：怎麼可以塞得下那麼多人？）我在前面開車，三個媽媽擠擠，在下面蹲下四個孩子，這在一排前面八個人了，我自己開車，大概這樣吧，你知道嗎？最後面那個我的孩子比較大一點站在後面，比較大的小孩子，全部站在後面。二十七位。沒被警察抓。我就說以前就是這樣。到銅鑼到哪裡去接她們，（筆者：就是載她們到教會去這樣），她說我們沒有辦法去，我說我接你呀。（2021年12月15日）

　　住在苗栗的印尼婚姻移民之夫家信奉臺灣一般民間信仰，婆家通常對於媳婦的信仰不甚了解，接受度亦不高[26]，再加上因為居住地點距離位於苗栗市的教會甚遠，例如公館、大湖、銅鑼等地，要出來一趟不容易，一方面要徵求婆婆同意出門，另一方面則是需要解饞，所以傳道會開車去接她們，除了去教會之外，也會請求傳道帶她們去火車站的印尼店購買富有家鄉味的食物。原則上，教會的活動是一週一次，但因為婚姻移民並非可以自由外出，原因是距離遙遠、無交通工具，最重要的是需經過婆家的同意，出去之後，亦需注意在外停留時間。正因如此，大多婚姻移民輪流出現，就頻率來說，一個月到教會一次。她們都會帶著孩

26　原因與祭祀有關，容後再述。

子一同前往，由傳道開著車接她們，包括傳道自己的孩子，一共27人在車上。

　　筆者曾於2016年前往印尼姐妹們參加的教會進行參與觀察，除了牧師之外，其餘在場的全為婚姻移民女性、她們的未成年孩子以及兩位研究參與者的婆婆[27]，但並未見到她們的丈夫。教會可說是婚姻移民女性的「天地」，精神上的糧食來自於集體禱告、各自禱告、牧師講道與唱詩歌[28]。牧師講道與唱詩歌內容皆有播放投影片，文字有繁體中文與拼音，第一行為繁體中文，第二行為相對應的拼音，有的則是印尼文在上，繁體中文字在下。在牧師完成講道與大家齊唱詩歌之後，則享用由婚姻移民帶來的食物，各式菜色皆有，包括臺灣（青菜炒豆皮），印尼（telur balado），越南（青木瓜）。以自助餐方式進行，大家都站著吃（2016年2月28日田野筆記）。

　　在桃園的印尼教會人數固定，每週會參加的約為30到40人，和苗栗的教會同樣成立至今時間約十八年（約2005年左右成立），但桃園這邊是屬於教會固定的會所，苗栗是借用其他教會。教會教徒包括印尼婚姻移民、移工與臺灣人，分為印尼堂與中文堂，原本以印尼堂為主，每個月第二與第三週為雙語，而中文堂開設至今才三年，主要是因應婚姻移民子女逐漸長大成為青少年，有其需求（蕾伊，2022年1月8日）。小學一到四年級的

27　這兩位婚姻移民的丈夫皆已過世，因此婆婆都跟著媳婦一起行動。
28　鋼琴伴奏者為其中一名婚姻移民的孩子。

孩子都是參加兒童主日學，為了高年級孩子則特別開設中文堂，以符合他們的學習，一個主要的原因是語言問題，如琪芬所說：

> 中文崇拜，那個是給青少年，青少年的話以前因為他要從兒童主日學出來的，就變成青少年。然後我們不要太可惜了，如果他們不要〔參加〕兒童主日學，我們要想到我們自己的小孩，後來的話就好啦，開始請新竹的神學院〔學生〕幫忙，幫忙青少年，因為我們的語言有限，小孩新二代的中文能力很好，你講那什麼聽不懂，不要再講了。我們已經好幾年跟他們合作了，他會幫忙我們，每一年都會有新的人加入，比如說他那邊神學院的學生會幫忙複習、學習啦，也是蠻好的啦，一個幫忙啊，對我們新住民。比如說你看我現在講話這樣，可是我講話已經很標準了，我感覺啦，可是在小孩來看，你講什麼我聽不懂，還是有那個音。有那個音出來（筆者：有那個音這樣子）。我都不講話，我講話他們說媽你這是外籍，一講話就曝光了，不講話他說我是臺灣人。（2022年2月6日）

從婚姻移民的教會看到為了逐漸長大的孩子提供中文堂，從中亦暴露出婚姻移民有感自己的華語能力恐怕無法與青少年溝通，因此借助外來力量協助，以幫助孩子繼續學習。桃園教會除了固定的堂會之外，重要的日子提供聚會，如聖誕節、母親節等。

教會提供婚姻移民的精神上的支撐——牧師或傳道的講道、同鄉聚會、使用熟悉的語言、共同享用家鄉美味以饗味蕾。除此之外，教會是一個婚姻移民與相同經驗者互動的場域，亦可說是互相共享一套意義體系。大家皆是來自印尼的婚姻移民，多數為來自西加里曼丹的客家人，也有來自泗水的潮州人，苗栗教會的研究參與者的配偶皆為苗栗客家人，桃園教會移民的配偶則有外省人或閩南人，來臺灣時間大多在1998年排華之際或是之後。能與相同經驗者互動，不只是對移民，對一般人亦然，皆能減少孤獨或孤單之感，因為相似經驗能夠作為互相理解的基礎。包括在印尼的生活，特別是由排華所構成的集體記憶，來到臺灣的方式、與丈夫認識的過程、與婆家相處的點滴、身為人母的經驗，還有與臺灣人互動的經驗。

　　同樣也是來自印尼的客家基督徒琪芬，她因為住在桃園，參加的是桃園印尼教會，她認為婚姻移民女性「在家裡很悶，不知道去哪裡，你來教會教會都是你的同鄉，你可以講自己的母語，然後自己講想要了解什麼東西，可以跟自己的同鄉聊天。」（2022年2月17日）婚姻移民到教會參加禮拜並與同鄉見面，藉此暫時逃脫讓她們感到沉悶的家庭空間。如龔宜君（2019：84）提及，仲介婚姻移民在種族及語言上有別於丈夫，而且與其他類型移民不同之處在於居住與就業的環境，就居住上來說，她們並不住在屬於自己的族裔社區內，至於在就業方面，仲介婚姻移民不在內閉的（enclave）族群企業中工作，讓她們「陷入困境」的場所是「同處在一個家庭空間中，因語言慣習的斷裂、利

益與生活方式的衝突而產生的日常苦難」。

　　本書的研究參與者皆為來自印尼的客家女性，在種族上，與臺灣丈夫同屬漢人，在語言上，皆使用客家話，但是雖然如此，由於移民來自印尼，在文化、生活習慣上以及語言使用上皆無法忽略其原生國家的影響。特別是語言方面，多來自西加里曼丹的印尼客家婚姻移民的客家話有梅縣腔、海陸腔，即便是與臺灣腔調接近，但用詞參雜印尼話或其他語言。[29] 根據筆者觀察，婚姻移民彼此在互動時，使用時常夾帶印尼語。語言除了是溝通工具之外，更是情感與文化的表達，因此雖與丈夫或公婆同為客家人、同樣使用客家話（腔調與用詞可能不同），但因為多數為仲介婚姻之故，尤其在到臺灣早期，年紀尚輕的婚姻移民，生活中充滿著初為人妻與人媳的陌生感、緊張與孤寂以及因在臺灣社會、社區鄰里所遭受到的另類眼光所帶來的沮喪或是氣憤，需要以彼此熟悉的語言與教會中的同鄉互訴生活境遇，當中支持感與緊密連結之感油然而生。

　　對於移民而言，他們面臨是否離開家鄉尋求更好生活以及在新環境中的適應問題。在這一過程中，宗教信仰扮演著重要的角

29　參閱黃惠珍（2008：2-3）在其碩士論文《印尼山口洋客家話研究》（桃園：國立中央大學客家語文研究所碩士論文）中提到西加里曼丹可分為三個方言區：（1）在坤甸市及其周邊有潮州方言區；（2）以百富院地區的都歷河橋為分水嶺，以南及卡江流域屬於梅縣客家話，當地稱為坤甸話；（3）以北為海陸腔，即一般所言之山口洋（Singkawang）話或三發（Sambas）話。黃惠珍（2008：131-156）指出，山口洋客家話在詞彙上受到其他語言影響，如梅縣客家話、粵語、潮州話以及印尼文、荷蘭文、英文。

色。宗教不僅給予他們心靈力量和精神支持，還能透過拉丁文原文 religare 揭示其「繫上、結合」意義，使移民感到與同鄉有著緊密的社群精神，從而共同面對困難，形成特納（Victor Turner）所稱的「集體中介性」（communitas）或共同體感覺。這樣的連結有助於移民在新的環境中得以安頓身心，並建立起自己的生活。然而，移民尋求安頓的方式受到一系列的因素影響。例如客家移民在原鄉已有自己的居住地區、社會階級、信仰以及與周邊族群的互動關係，客家文化本身就具有多樣性。當他們移居到特定的國家或地區時，他們可能會受到當地政治體制、政治制度、經濟活動以及周邊族群的結構限制。然而，移民也具有一定的主動性，可以創造或改變當地的環境。這種結構與主動性之間的相互作用形成了在地化的過程。移民在與當地社會互動的過程中，形成了新的文化生成結果，客家性可能在此過程中有所增減，也可能產生新的面貌。由於客家人分布於全球各地，他們透過客家組織的活動建立起相互之間的聯繫。不同地區的移民在尋求身心安頓的方式上，會受到原本的文化多樣性和族群主動性的影響，從而呈現不同程度的客家性。然而，並非所有的客家人都以相同的方式在新環境中安頓下來，這涉及到移民的個別屬性，包括移民的時間、教育程度、社會階級等因素。例如本書中的研究參與者透過教會不僅讓在異鄉的身心皆能夠有所依託之外，也讓具有相同經驗者相連聚合。

琪芬提到臺灣人自己也有婆媳問題，因此婆婆應該要了解媳婦的文化（2022年2月6日）。的確如此，如上述媳婦的信仰、

交友等，這也可能是本身為臺灣人的媳婦會遇到的問題，因為來自不同的背景與成長環境。但來自印尼（或是其他東南亞國家與中國）的婚姻移民，除了與臺灣人也同樣皆為人媳，但她們並非能站在同等位置上被對待，如同Chang（2020）在與一位臺灣越南女性婚姻談到性別平等時，一名研究參與者談到，「臺灣較越南來得性別平等，但是來自國外的女性未能受到平等對待。臺灣女性比外籍受到更好的對待，如果我們真的能被平等對待，那麼就不會發生如此糟糕的事情⋯⋯」（Chang, 2020：2950）。她們承受的是在「商品化婚姻」所帶來的汙名，經由仲介來臺之婚姻移民是「空降」進入移入國家庭（龔宜君，2019：84），面對的是婆家對於「外籍媳婦」的不信任，再加上初到臺灣，人生地不熟，居住鄉村，交通不易，更是在缺乏經濟資本與社會資本的情形下，難以自由行動。[30]

　　婚姻移民通常都會帶著孩子一起到教會參加活動，傳道提到的是苗栗婚姻移民的教會與其他教會最大不同之處在於孩子參加踴躍。「別的教會呀，一百個人，他們小朋友大概十個、七個，我們那裡呢，媽媽二十個，小朋友四十個，一起帶那小孩子來，因為他們印尼都是希望那個孩子有上主日學。」（2021年12月15日）孩子們在教會一起學習聖經，也與其他的孩子聚會，不

---

30 筆者在與張陳基教授執行在第三章提到的「臺灣客庄地區東南亞新住民及新住民二代生活適應、照顧輔導及就學就業等需求研究計畫」訪談時，專家學者與苗栗學校老師根據自己接觸婚姻移民的經驗，提出如此觀察。

過等到孩子長大，特別是到大學的年紀，常常因為到外地讀書而少到教會，或幾乎不會再來，而轉變為孩子在就讀學校鄰近地參加教會。

教會除了能夠讓婚姻移民在心靈與精神上有所依歸之外，還具有相當實用的資訊傳遞功能。雖然政府近年來已透過即時通訊軟體或是社會媒體向新住民傳遞訊息，例如桃園市新住民家庭服務中心會以line發出相關訊息[31]，多為中文，但依訊息性質有不同語言的版本，例如新住民家庭服務中心服務資訊、新住民培力中心所開設的就業培力課程、新冠肺炎疫情相關規定等，除了中文之外，尚有英文、泰文、越南文、印尼文、菲律賓文。然而琪芬認為還是朋友之間口頭傳遞的訊息是最快的，也最能夠達到效果的（2022年2月6日）。

> 朋友介紹比較快，比如政府單位發訊息給我們的網站，所以為什麼人家說政府單位發訊息的話，我們不知道從哪裡看他們的一些資源，可是朋友的話比較快，從那邊看到就報名了，發出去給其他的朋友。因為我本身是有在教會，所以教會的朋友很多新住民的嘛，所以從那邊開始要認識其他在臺灣的朋友，慢慢地，一個比一個說出來就很快，我就很快就報名了。（2022年2月6日）

---

31 筆者本身有加入桃園市新住民家庭服務中心的line，因此可做觀察。

琪芬由於自身在移民機構任職，中文程度佳，能夠熟稔掌握政府訊息，再加上因自身也參加婚姻移民的教會，所以容易將訊息轉知其他移民，有其需要的活動或任何課程，可以立刻報名參加。多數移民也知道可以找琪芬幫忙，例如就業問題，她會告訴移民勞動部的相關資訊，或是移民的丈夫過世，她會協助她們與社會局聯繫，或是轉告新冠疫苗注射訊息等。此外，琪芬也在移民通譯組織擔任要職，也可以在法律問題上協助婚姻移民。

2. 拜祖先[32]

　　除了在家務上期待媳婦符合「傳統」形象與責任之外，在祭祀方面更是期待媳婦能夠延續祭拜行為。此即前述業者王先生所提到的拜拜內涵之一，在與東南亞新移民女性的相關研究中，得知因為印尼籍配偶多為華人，認為臺灣的宗教信仰和祭祀行為與原生家庭差異不大，所以雖然祭祀品內容略有不同，但也可以快速學習如何準備祭品（張翰璧，2007：124），經過本書的調查，亦有同樣發現，若是信仰傳統華人民間信仰的研究參與者，皆可適應婆家祭祀習慣。在祭祀或拜拜方面，印尼客籍移民女性如果與公婆同住，大多是公婆或主要是婆婆會負責祭祀，媳婦從旁幫忙準備。

　　不過，值得注意的是，由於本書中28位研究參與者中有7位在印尼已經信仰基督教，因此她們在祭祀方面則與婆家有異，甚

32　本小節與美芬及梅玉有關的部分有些取自筆者於2017所發表專書論文，參閱蔡　芬芳（2017），有些為本書新增。

至在結婚之初，受到婆婆的誤解。

> 美芬婆婆：喔，我緊罵佢喔，我講，祖先就要拜，其他可以
> 　　　　不要，但一定要拜祖先。
> 美芬：毋愛拜。
> 美芬婆婆：麼介就做得，別樣你就毋愛拜做得，這下祖先有
> 　　　　好拜毋得。
> 美芬：拜毋得啦。
> 筆者﹝對美芬的婆婆説﹞：你毋知佢係Christian喔？
> 美芬：佢知。
> 美芬婆婆：有啦，早先有知啦。
> 筆者：有。
> 美芬：但是她還不了解。
> 美芬婆婆：我不了解這是什麼意思啦。（2016年2月28
> 　　　　日）

　　梅玉也有相同經驗，「我有時候跟我婆婆説，她很會講，她
每次就講怎麼樣，她說我信主了，她說以後，毋人拜。」梅玉因
為公公與丈夫皆已過世，婆婆與她相依為命，期待她過世後，梅
玉可以祭拜她，但又因為基督徒的身分而無法達到她的期望。梅
玉在剛開始時，因基督徒身分而不吃祭品，後來逐漸發展出調適
策略。

　　梅玉說道：

以前我來過我也一樣啊，跟她［指梅玉的婆婆］拜啊，但是那時候我在印尼是基督徒，她說拜好的沒有吃，我所以我剛嫁過來時候，我媽［指梅玉的婆婆］拜的，我又沒什麼吃，就不敢，後來慢慢慢慢的，有說可以吃，我也會幫她準備東西，我沒有拿香啦，然後就他們會拜這樣，這樣子，我還會尊重他們。我有遇到我鄰居阿姨啊，因為她媳婦基督教，她是臺灣人，她婆婆就會跟我們大家聊的時候，就講到她媳婦，她說她老了，拜公媽她去三樓，然後她老人家，她說她媳婦信基督教的，也沒有尊重他們家的公媽，所以不幫她，你不拜，但是你要幫她拿東西啦，或是準備東西，這是禮貌上的，對不對？她全部不做，所以她講的時候真的掉眼淚了，覺得兒子娶一個老婆回來這樣一點幫忙都沒有，就覺得她真的命很苦那種的啦，就講到一直哭，一直哭，其實我說，她是太那個了，不行這樣做啦，其實我是尊重我們家，她要拜我們就幫她去買東西，我也幫她去準備東西，我上去我也跟著她，我用禱告，他們要怎麼念就他們的事這樣子，就這樣子尊重她這樣子，然後拜好我也一樣會吃啊這樣子。

（2016年2月28日）

梅玉跟著祭拜，但是因為基督教信仰而不拿香，後來也開始在拜完後享用祭品。她認為幫忙準備祭品，以及以禱告取代拿香祭拜，是尊重婆家信仰的表現，而不應該像鄰居媳婦完全置之不理。其中，梅玉提到了「覺得兒子娶一個老婆回來這樣一點幫忙

都沒有」，意謂著祭祀是媳婦應該盡的責任，尤其需要幫忙準備祭品。

蕾伊的祖父是乩童，印尼家中原本亦為傳統信仰，但她小時候已有到教會的經驗，在長大離家後，自己在西加的教會受洗，成為家中第一代的基督徒。但是剛開始父母是相當反對她信仰基督教，甚至遭受母親痛打，但後來離開家鄉到坤甸過著自己的生活。

> 因為我後來離開他們了，他們也管不著我了，我在坤甸他們也管不著我。我就主動自己去找教會，我就找我的生活了。而且可能他也知道我是從小都很乖的，我是被我媽管到很嚴厲的那一種。過年，我就幫家裡，那時候我就會埋怨說，跟我同年齡的小孩子過年可以享受那過年的樂趣我沒辦法，因為要家裡洗碗，一大堆東西做不完。那時候就會埋怨，離開父母就感覺到自由了，那個好像那個什麼鳥飛，放出來的那種感覺。在家裡也要做很多家事。就過年啦。過年想說不能給我們放輕鬆。吃飯拜年我們沒辦法。（2022年1月8日）

父母無法管教到她，她後來在二十一歲時於坤甸的教會受洗。當與丈夫相親時，已經表明她的基督徒身分。

> 我們是相親的，相親那時候我就跟我老公講，因為我就會有一點會講這邊國語啦，因為我這邊有說，雖然音不準，但是

他知道我的意思，就跟他講我是基督徒，後來就跟他爸媽見面了，他帶我去跟他爸媽見面，我講了我是基督徒，我不拿香，我那時候第一次見面我就跟他講了，我是基督徒，我沒有拿香，我就講了，因爲我覺得在前面講，不要説看到人家這樣，後面再來講這樣子，就這樣子，因爲我覺得你別的可以來要求我，但是我的宗教，我就是沒辦法，宗教上沒辦法，就這樣子。（2022 年 1 月 8 日）

甫記得與蕾伊見面時，一剛開始她就相當強調基督教是她的信仰，因此從前述的訪談摘錄中亦可嗅出她在宗教上的堅持。雖然與丈夫初次見面，但她認爲最好一開始就先説明自己的信仰，因此她使用尚未純熟的華語向丈夫表明因爲信仰而不拿香，後來與公婆見面時，再次説明，信仰是她唯一無法妥協之處。如此表示蕾伊對於信仰的堅定態度。琪芬也是在結婚前就告訴先生她是基督徒，不會拿香拜拜（2022 年 2 月 6 日）。

蕾伊當然清楚在結婚後不拿香敬拜祖先是會引起衝突的，但她表示這需要智慧去面對。她與丈夫結婚時，夫妻倆自己居住在透天厝，祖先牌位在他們家的頂樓，她雖然不會祭拜，但家人要拜她沒有意見，而且她會把神桌擦乾淨，逢年過節皆會幫忙準備祭祀物品。婆婆過世時，她會穿著孝服跟著跪拜並進行所有儀式，但就是不拿香，親戚們也因爲知道她的基督徒身分，所以對她的做法毫無異議。她的丈夫因病早逝，比公婆早離世，丈夫隨著蕾伊改信基督教，但當要籌備丈夫喪禮之前，蕾伊尊重公婆，

詢問他們對於自己兒子的後事是否有任何看法，但公公告訴蕾伊，「按照你的方式」（2022年1月8日），意即以基督教方式為丈夫隆重舉行追思儀式。

　　通常華人家庭反對子女信仰基督教的主要原因在於不拿香祭拜祖先[33]，當然，不只基督教面臨這個問題，只要是一神信仰[34]，都會面臨與實踐華人多神民間信仰扞格之處（蔡芬芳，2016a），其背後應是華人性的重要要素在於傳統儀式與文化象徵（Hoon, 2014：215），而制度性信仰在於具有組織、制度化結構，並強調教義與教徒身分的一神信仰。華文中「宗教」概念與亞伯拉罕傳統的一神信仰（猶太教、基督教、伊斯蘭教）的差異在於就「宗教」的字源來說，其意為宗族教導（teachings of clan lineage），直到19世紀晚期才出現當代中國；就歷史上來說，向來所指為教導（teachings），而非宗教（Hoon, 2014：162）。華人「三教」（Three Teachings）民間信仰，包括佛教、道教與孔教，並不是西方觀點下的三個宗教，而是「單一運作體系」中的三個部分（Hoon, 2014：162）。三教的綜攝（融合，syncretism）實踐意即組織流動，非制度性的，無明顯教義界線或成員限制，且為非一神論，即一間廟裡有多位神明（Kuah-Pearce, 2009，轉引自Hoon, 2014：162）。華人的信仰與宗族教

33　例如本書所訪問的神職人員亦在到了雅加達才改信基督，當時其母親大力反對。

34　如伊斯蘭亦然（參閱蔡芬芳2016a討論）。

導相關，因此強調的是可見（visible）與可觸（tangible）的實體，例如祖先墓碑、牌位、家廟或宗廟與族譜（Smith, 2005：196，轉引自Hoon, 2014：163）。即言之，華人信仰以實踐為主，其為多元性屬正確（統）實踐（orthopraxy），例如包括孝順與祭祖，而不是正統信仰或教義（orthodoxy）（Yang, 1999，轉引自Hoon, 2014：162）。

當身為基督徒的婚姻移民面臨祭祖問題，更形困難。因為媳婦，特別是長媳，被婆家期待背負起家族的祭祀責任。如前所述，基督教對於逝者，是以紀念緬懷先人，並非祭拜。例如美芬在結婚前，婆婆雖然已經知道她信仰基督教，但還是不了解，認為她應該要拜祖先，而且婆婆過去強調，其他可以不拜，但是一定要拜祖先。美芬解釋：

> 美芬：但是我們沒有拜祖先，不是因為我們沒有尊重我們的
> 　　　祖先，我們也是聖經說你要愛你的父母。
> 筆者：我知道，對。
> 美芬：但是神就是，最大的，還有我們的，就是要拜，只有
> 　　　拜神而已。
> 筆者：只有拜神。
> 美芬：我們的膝蓋只有跪神，不能拜別人。聖經很清楚說你
> 　　　要尊敬你的父母，所以我們想，他活著時候我們，他要
> 　　　吃什麼我們就給他吃，他死了就回到上帝那邊了。
> （2016年2月28日）

琪芬與幾位信仰基督教的婚姻移民相同，皆是幫忙準備祭品，但未行祭拜之禮。琪芬說道：

我是基督教我都不能拜，我也不好意思。可是她［指婆婆］會知道我是基督教不能拜，我都跟她講說你在拜拜的時候我不要產生誤會，我會幫你準備東西，準備我還是準備，但是抱歉拜拜我不行。

筆者：你會站在旁邊嗎？

琪芬：我會站在旁邊。可能在樓下拜，我就把東西排一排，然後就上去了，然後結束拜拜了我就下來幫忙收東西。當然很好啦，我婆婆不會要求我一定要拜拜，因為我跟我老公結婚之前我就跟她講了，不好意思我是基督教，第二個我不能拿香，什麼什麼不能拜拜，你OK嗎？如果OK我可以跟你兒子結婚。她說哎呀那個拜拜不一定你要拜啦，反正你老公拜啊，就是我老公以前是拜拜的，然後都跟著我去教會，現在我們一家人是基督教的。現在還是一樣我婆婆會拜拜，因為祖先還是在我家。

筆者：所以他們過年過節會來拜。

琪芬：對，可是我不拜，我都會出門。如果要拜的話，我都跟我家人出去。他們都是拿香，很臭，現在像我們都會吐嘛，可是我們尊重她，就都沒有在那邊，你拜好了再跟我講，我就回來。（2022年2月6日）

琪芬也是婚前即告知婆家自己的宗教信仰，不祭拜亦不拿香，但一如其他媳婦，幫忙準備與收拾祭品。雖然婆婆理解與接受琪芬因為信仰而不祭拜，但認為兒子需擔負起祭拜責任，因此琪芬丈夫在未成為基督徒之前，為主要祭祀祖先者。不過，即便丈夫已成為基督徒，但因為祖先牌位仍在琪芬家中，因為丈夫是長子，在加上公公早逝，因此丈夫儼然為一家之主的角色，「自然」需要擔負祭祀責任，然而雖然丈夫改信，婆婆依舊到琪芬家中祭拜，只是琪芬會等祭辦完畢之後再回家，以避開她無法忍受的焚香味道，而且她的折衷緩衝方式則是當大家在祭拜焚香時，則外出避開，待祭拜完成之後，再返回家中。

梅玉認為華人之所以堅持祭拜祖先，某個程度是因為代代相傳形成的習慣，而應該是著眼於現世。

> 就其實我講，人，在一起時候我說，要珍惜，有什麼就買來吃，孝順，等到你死了，媽〔梅玉指的是婆婆〕，現在你八十幾歲了，你想看看，你還在的時候，我們盡量煮給你吃，拿給你吃你就吃，多吃，死了我說，你啊，那麼大的雞，在那邊拜，我說，毋人食也結果自家在該食，你買來拜也買自家愛食正買去拜，我講，那是說以前的，那個祖先的那個什麼，他本來就要拜的，一代傳一代的，一定要拜的。其實我說沒有拜是無所謂的，其實那個東西全部沒有了，沒有了，做給人家看的。我有時候跟我媽〔指的是婆婆〕說，你就看得到這下你恁多歲，其實這下就講喔，一代傳一代喲，要拜

啦，你就愛做啦，毋做你就感覺怪怪的夠，其實毋也毋，毋意思的啦，但是你就做慣了，你就愛做，這就全部就做分人看的咩。過我講第一，逐擺會賴就賴祖先兜樣仔，該地做到毋好恁樣，又樣仔，樣仔，當會夠，客家人當會恁樣。[……]我說風水，我說其實夠，那什麼都沒有，毋用好，風水又樣仔就會連到這樣子會，其實就每一個人的命了我說，你要吃多少、用多少，你的命已經就注定給你了啦，對不對？啊你要好一點，你要多錢一點，你自己要努力哩。（2016年2月28日）

梅玉認為要珍惜的是大家現在能有相處的機會，而且婆婆現在八十有餘，能夠吃的時候是現在，並不是死後，即便是以豐富的牲禮祭拜，但事實上先人並無法真正享用，最終還是滿足生者口腹之慾，再說，梅玉認為祭拜事實上是一種展示給他人觀看的「表演」，以讓外人看到自己的孝順，而且梅玉指的是婆婆的作為，婆婆也曾是夫家的媳婦，祭祀則是其應盡的責任。此外，梅玉更是提到，一般人如果不順，會歸因於沒有祭拜祖先，她特別強調客家人更是如此，而且會以風水解釋遭遇。她認為其實已有命定，而且如果要過上好日子，要靠得是自己的努力。當時也在一旁的敏娟也說道，「我們聖經也有教，做基督的人一定要有工作」（2016年2月28日）。

梅玉所提出的「珍視當下」與「自身努力」觀點，有別於華人祭拜祖先的觀念與實踐，此外，梅玉之所以有上述觀念，是因

爲看到在雅加達的父母或其他鄉親爲了返回西加里曼丹掃墓祭祖勞民傷財，她仍重申應該趁父母健在時盡孝道，而非等到過世之後。

所以我印尼娘家媽媽，他，我阿公啊，我外公生我媽跟我舅舅，我舅舅早就過世了，就剩我媽，然後舅舅的小孩那些長大了，又不知道要去拜他阿公啊齁，變成我媽來到雅加達啊，要轉去 Kalimantan 毋人拜咩，又託我一個，我，我媽的堂弟啊，我叫舅舅啊，然後叫他拜，每次寄錢給他去拜，然後拜一拜，現在他身體不好了，沒有人拜對不對？已經兩年沒有拜。我爸、我媽在雅加達的時候，那心裡面一直想要轉去看看，我說你轉去看，你也拜一次，你又逐年，逐年要轉也麻煩啦，年紀又恁大啦，七十零歲，我是叫我爸、我媽齁，放，放開，不要了，不要去掃，什麼都沒有，你不要掛在心裡面，我說其實就沒有。當初我說啊，那個外公還在啊，你們啊，孝順一點啦齁，對佢好齁，就盡值得了啦，這下死掉了我講齁，你就爲著佢雅加達要轉到坤甸項，該錢啊，機票錢要幾多啊？齁，又愛買東西，啊你屋下又毋係恁鬆，又毋係講恁有錢啦，你姐也毋法度轉去。你還要求什麼東西？你一回去一趟，你的食飯的三餐的錢又用掉了，一點意思就毋，毋識爲了恁樣，我每次會跟我爸說要放到心裡面，我說那個什麼都沒有了。［……］你看哪，那個印尼很奇怪，華人喔，一掛紙齁，很多人想要回去，沒有錢也回

家。然後那個機票也弄到那麼貴，很多人回去，很多人回去。有兜講毋轉去拜，你就頭路做不成〔……〕你拜習慣了，第一你要有錢，你要回家，你要剩的錢才可以去，如果沒有，你勉強幹嘛？那麼辛苦，那麼痛苦幹嘛？其實，封掉就封掉了，一點意思就毋啦。（2016年2月28日）

梅玉的父母早已從坤甸遷移到雅加達，而梅玉的媽媽只有一個弟弟，原本應該是由梅玉的舅舅擔起祭祖責任，但因為舅舅過世，也無人教導舅舅的孩子們該負責祭拜，再加上梅玉的媽媽已移居到雅加達，僅能委託在坤甸的堂弟，也是梅玉的舅舅協助，然隨著梅玉的舅舅健康欠佳之後，則無人祭拜。梅玉的父母心中依舊為祭祖一事掛心，然而她勸告父母，應當放下此事，因為孝順應是父母在世時的表現，並非在其逝世之後，再者，梅玉的父母年紀漸增，經濟拮据，回去坤甸祭祖一趟需要不少花費，甚至壓縮日常開銷所需。梅玉不僅是針對自己的父母，也是因為看到從西加里曼丹移居到雅加達的同鄉因為回鄉祭祖不僅需要花費金錢，還可能因此丟失工作，得不償失。除了上述反對華人祭祖的觀念，身為基督教徒的婚姻移民因為基督教義而認為人過世之後，「我們就是回天上的，其實人躬，我告訴你，斷氣的時節啊，該[35]靈魂就走掉了。」（阿霞，2016年2月28日）這也就是

---

35 客家話發音。

爲何在前述蕾伊所說的基督教是紀念逝者，而非祭拜。

3. 教會中的婆媳

在苗栗的五位基督教婚姻移民中，梅玉和美芬的婆婆都會跟著她們一起到教會。梅玉的婆婆會與她一起到教會的原因，是因爲梅玉的丈夫於2013年過世，公公也早已過世，婆媳兩人相依爲命。

> 她是肯跟我在一起啦，因爲我阿婆，我公公是基督教，但是她就是心不在那種的，聽不進去，然後沒有那個很耐心的坐著這樣聽，你知道嗎？以前年輕時候，我爸［所指爲公公］會去長老教會，但是她就不會，我那個阿婆啊，也是公公的媽媽啊，也基督教咩，但是她［意指婆婆］就不信，有時候她，我爸也不在了，我先生也不在了嘛，她就會跟著我出來，有時候天氣好了她就會來，然後她就慢慢聽一聽，有時候她，也會說啊，她說，啊搞不然齁，也是你爸，你爸信的齁，我就毋信啦，啊你婆我也毋信啦，會講總一日啦齁，佢也會跟我來信，就恁樣嘴會緊念啦你知嗎？我就跟她說，有時候來，我說齁來，就要有條心，耐心的聽，有好毋壞啦齁，就係有條心啦，有時候她就會不耐煩那一種的，老了咩，就這樣子啊。（2016年2月28日）

梅玉的公公以及公公的母親都是信仰基督，但婆婆自始至終並未投入耶穌的懷抱。現在跟著梅玉一起到教會，在耳濡目染之

下，婆婆告訴梅玉，總有一天她會開始慢信仰基督，梅玉知道婆婆並無耐心聽道，勸她要真正有心，因為這對她只有好處並無壞處。在談到婆婆對於信仰的態度時，梅玉提到與婆婆的相處情形，「我跟她住一起，因為我老公不在，她老公〔指公公〕又不在。我壓力很大呢，壓力很大，因為她負面一大堆。我說媽，還好你遇到我夠，很勇敢的，然後夠，人家講啊五臟六腑夠，還當健，毋講我憂鬱症哩，真的啊！」（2016年2月28日）梅玉自己喪偶，同時也要面對也是喪偶的婆婆，而婆婆有很多負面情緒，梅玉必須面對與消化這些情緒，所幸她的勇敢能夠讓她獨自撐起一個家庭，當今都還健在，否則會陷入憂鬱狀態。

美芬的婆婆阿如姨則在2014年改信基督教，她之所以開始接觸基督教與美芬幫她慶祝母親節有關。

> 母親節跟她去中壢啊，我說，每年啊，大家都要給我做母親節啦，我說，要來分開來啦，該該通通就，毋，有一日跌倒有沒有，我就想，哀，毋到啦，我就問，喔，我這下是有閒摟，愛帶我去哪寮嗎？佢就講，我是毋愛佢講母親節，帶我來去哪寮嗎？有麼介節目嗎？佢講麼介，喔，我愛去中壢，哀，該該，愛去教會這樣，我正開始聽你知嗎？我正會，聽了過後轉來正，緊聽，緊聽，緊聽正去受洗啦。（2016年2月28日）

阿如姨在兩年前因為跌倒在家休息，又適逢母親節，她問美

芬是否要帶她出遊，是否有安排，美芬則告知她剛好要去中壢的教會，阿如姨這時開始接觸基督教，持續到教會聽道之後，受洗爲基督徒。然而，如前所述，阿如姨在美芬剛入門時，雖然知道美芬是基督徒，但是無法理解基督教究竟爲何，而且因爲「她媽媽齁，去掃墓都是，我兒子跟去在也是在，在拿香啊，我才會説她啊！我正會講佢啦，我講，你爸、你媽你就有拿香，來到我這仰母拿香？」（2016年2月28日）阿如姨認爲爲何美芬拿香祭拜自己的母親，但在臺灣卻不拿香祭祖，同時一起接受訪問的美芬在旁邊說道：「那時候也是我爸爸還沒信，信主，信耶穌這樣子」（2016年2月28日）。

　　阿如姨在信耶穌之前，是拜觀音，但成爲基督徒之後，牧師「還煞[36] 爬上桌頂上一直拆一直拆」（2016年2月28日），將神像從神桌取下時，阿如姨的「心裡齁，會爆炸一樣」，而且「想說，這係來拆掉會，母會樣仔，不知會樣仔嗎？」（2016年2月28日）這表示她長久以來的信仰，同時還有具體的神像即將消失。雖然如此，阿如姨在七旬之年所以能夠改信，是因爲與她原來的信仰能夠結合。

　　　　因爲我從小，我從小就看天，很注重，我就想，天很大，別
　　　　樣就母恁大，齁，什麼都靠天啦，他，什麼都靠天給我們吃

---

36 客語發音，華語意爲果決。

飯，我就注重。一去聽，去聽到說來，上帝、天神，我就，馬上我就信啊！（2016年2月28日）

否則以前認為基督教是「美國人的耶穌」（2016年2月28日，苗栗縣苗栗市），並不是我們自己的信仰，因此排斥，但當在宇宙觀上能夠結合時——皆是天神，轉換信仰並非難事。

美芬影響了婆婆的信仰，琪芬與蕾伊則是影響了丈夫。首先，琪芬的丈夫在2018年改信基督教，剛開始琪芬是以孩子在教會為父親節做表演為理由邀請丈夫到教會欣賞，後來先生自己相當勤奮學習聖經，改信耶穌。在剛開始改信時，婆婆是相當無法諒解的，因為丈夫是家中長子，然而當丈夫受洗時，婆婆卻到場觀禮，而且感動不已，琪芬認為婆婆已接受丈夫為基督徒的事實。

蕾伊用自己的生活方式向他人印證基督教的影響，因此丈夫在改信耶穌之前，蕾伊的娘家父母與兄弟姐妹也一一改變信仰為天主教或基督教。蕾伊與外省籍丈夫相處過程中，以日常生活作為宗教觀念傳遞的場域，不免有觀念上的衝突，雖與各異的國家社會與成長背景有關，但更為相關的是宗教觀念。

生活背景不一樣，還有我們成長的背景，就是宗教裡面的背景不一樣，可能他的那個想法裡面，就是臺灣傳統的想法，小孩子就是長大呀，比如說你要長大啦，你可以出去怎樣，我觀念裡面就不行，到現在我就跟我兩個小孩講，我說欸，

你們長大了要交男女朋友，OK。因為我觀念就很傳統，那時候我們兩個就會磨擦，對。他〔指蕾伊的先生〕說，你看我妹也這樣子，我說那是你妹。這個是我兩個小孩子。不一樣。反正我們就說，會有一點磨擦。講一講就好了。（2022年1月8日）

雖然蕾伊先提到的是生活與成長背景的差異，但實際上強調的是宗教背景，然而又夾雜著將丈夫的國家屬別與丈夫的原生家庭經驗（丈夫的妹妹）歸入兩人之所以有差異的因素中。蕾伊自認為因基督宗教觀念影響，不論男女都應該有婚前守貞的觀念，不能因為孩子已經長大而放任。不過，蕾伊認為雖與丈夫觀念有別，但彼此溝通後能夠理解。

蕾伊將生活當作實踐宗教的場域——盡心力照顧罹癌的丈夫直到最後一刻，她對他的照顧就是見證，丈夫在離世前受洗。

因為生病，他看到我也是對他不離不棄吧，可能是我們基督徒裡面說的見證啦，如果說現在嫁給他，他生病的時候我亂來的話，他可能也不會〔受洗成為基督徒〕呀。就是他生病，生病了，他生病了三年多，我就是一手照顧他。看他要走，吸一口氣，最後一口氣，是我看著的。也是他生病我不離不棄吧。（2022年1月8日）

蕾伊與丈夫相處的十幾年光陰中，包括丈夫生病的三年，在

這漫長的過程中，蕾伊對於傳播宗教的態度是：「該講的我們就講了，去教會這個就是我們交給我的上帝。就是像我老公一樣，你看，我們，我們相處了十五年他就走了，這樣子算我們相處了十三年、十四年才受洗嘛。」（2022年1月8日）人是否信耶穌，最終還是由上帝決定。蕾伊的丈夫直到幾乎走到生命盡頭，才正式成為基督徒。

他那時候就是醫生診斷就是不要化療，就是醫生跟我講很久了，不要化療，我跟醫生講我不放棄，因為化療也是蠻貴的，兩三萬塊，兩三萬塊，醫生那時候跟我講這樣，他說，考慮你不要，把這個錢留起來給小孩子，我說，醫生我不放棄。只要我手上還有，我還是要。我說我們還有房子，沒有也可以賣嘛我說。他就，呀好啦。醫生就聽我的話，就再化療。那時候就是好像一個禮拜打一針，就兩萬多三萬塊那時候。那一個那個化療，好像一個化療他是打幾針我就忘記了。他就是打，又去照，打又去再照。後來就跟我講不用了，他就給我看那影片，他說你看，他剛開始是鼻咽癌，鼻咽癌治療一陣時間就很乾淨，之後轉移到肝，他說你看，肝，後來醫生要放棄，他就跟我講，看到這樣子我都心那個都冷了，他就醫生跟我講說，你跟他講，要去就是叫我跟我先生講，住那個什麼安寧病房，我說醫生，你叫我去講，你覺得我講得出來嗎？就看到我講得出來，你自己去講，你自己去講，那時候他就決定，要受洗。他就跟我講過程，為什

麼他會受洗。他說，因爲當時那是我傳福音給他，什麼什麼的。唱詩歌，他蠻喜歡聽詩歌的，我就播放給他的時候，後來他就說要受洗，他就跟我說爲什麼他會受洗這樣，好，我說，馬上回家，辦出院回家，就叫我們的主任牧師過來這樣子，我們教會的的同工，還有幾個就到我們家。（2022年1月8日）

在丈夫生病的過程中，蕾伊與醫生意見不一致，醫生站在醫療的角度與病人實際的狀況判斷沒有化療的必要，但蕾伊出自於救丈夫的決心，堅持不計花費要讓丈夫接受化療，最後仍未達到預期效果。在丈夫生病的過程中，蕾伊向他傳福音，更以丈夫喜愛的詩歌相伴，陪伴他度過生病時刻，當醫生建議轉至安寧病房時，丈夫自己決定要受洗成爲基督徒。雖然如蕾伊所言，丈夫與她相處總共十五年，到過世之前受洗，雖然時間漫長，然而，最終丈夫見證蕾伊不離不棄照顧他直到最後，終信耶穌。

第五章　Amoy，還有別的故事嗎？

　　在筆者所接觸的28位婚姻移民之中，淑瑩是年紀最輕的一位，當年認識她時，她三十八歲。她有著相當具文藝氣息的真實名字[1]，筆者覺得很特別，因此問了她關於名字的事，她告知大約在2010年才改名字，因為在印尼使用的是客語，她認為用客語發音所寫出的漢字不好，因此在臺灣找算命老師，看了很多名字之後才決定現在所使用的名字。推算改名的時間是她出去工作之後的兩年，「名字」的重要意義在於提供自我認同的來源，也代表著自己與他人互動的身分。

　　筆者曾與她見面三次[2]，她有兩個女兒，當時在2015年時都還是小學生的年紀。有別於其他研究參與者，淑瑩外表亮麗，留著一頭長髮，打扮時尚，戴假睫毛、擦指甲油、穿短裙、長馬靴，戴有由綠色珠子串起的手環，身帶知名設計品牌的包包，也喜歡該品牌的香水。在言談間，她提到她的夢想是到美國打工一年，因此在學英文背單字，平常喜歡逛街、到購物中心購物、看電影，也喜歡和朋友出去走走，例如從桃園到臺中看花海，或是

1　在第一章已提過，為保護隱私，本書的研究參與者姓名皆以化名處理。
2　分別是2015年7月8日、7月23日與11月23日。

環島或出國旅遊等。週末與朋友出去，她的朋友有來自雅加達、坤甸、山口洋，會相約去唱歌，吃各式餐廳，例如瓦城、西堤、陶板屋等。但她覺得朋友們較封閉，中文欠佳，即使來了十幾年，中文也沒有什麼進步。在飲食方面喜好西式餐點，所以和她見面時都約在西式餐廳用餐。

　　在第三章曾提過淑瑩是爲了躲避隔壁鄰居男性的追求不得已遠嫁臺灣。剛來時，沒有太多自己的想法，因丈夫爲獨子，婆家希望她生小孩，因此很快就懷孕了。不過，她說，幸好婆家沒有期待一定要生男孩，否則她無法忍受。老大八個月時，又有身孕，兩個孩子差一歲多。她自認是一個很愛漂亮的人，希望身材快點恢復，她並不贊成生小孩，因爲有很多的牽絆，而且，當時她是一個人獨自照顧孩子，婆婆還在上班，先生也沒有幫忙。她不喜歡那六年在家帶小孩以及當家庭主婦的感覺，生活封閉，沒有自信，她的夢想是讀書。後來出去上班，婆家沒有太多意見，因爲是幫忙賺錢回來，但對於她要去上補校學習，婆家則有所遲疑，因爲認爲出去會看多、懂得多之後，就會開始作怪。她堅持要去上課，學習英文與吉他。照淑瑩自己的說法，難道要女人變笨嘛？當然她同時表示，她現在也因爲懂得多，所以她認爲女生眞的不一定要結婚生子，只要自己經濟獨立即可，不需要依靠男人。她現在不僅會以這樣的觀念告訴她婆婆，也告訴她在印尼的母親，她說臺灣人最多生兩個，不要再讓她嫂嫂生小孩了。因爲

她哥哥已經生四個小孩,老大當時[3]小學五年級,最小的仍在強褓當中。她也將這樣的觀念傳遞給自己的女兒。

由淑瑩的敘說之中,看到的是一名女性的日常生活,且若刪除前述文字中與印尼有關的訊息,關於她的裝扮、喜好、飲食與休閒等,和「我們臺灣人」一般說來沒有太大差別。她的言談透露出更多的是對自己的期許與夢想,不甘於當一個只是在家中帶孩子的女人,那樣的生活是將自己推入禁錮之中,無法看見自己的價值,也無法相信自我。因此她認為女人要加強自己的能力,別讓自己變笨,而且應該經濟獨立,不須依賴男人。

筆者在與淑瑩的三次談話中,尤其在最後一次的閒聊當中,幾乎很多話題圍繞在關於一個身為女性的感受,特別是她所提到的「難道女人要變笨嗎?」從她出外工作,不顧婆家的猶疑而堅持到補校上課,有著自己的夢想可以看出她在為自己的生活構築一個藍圖。

淑瑩的生命述說讓筆者想在本書最末提出一個問題「Amoy,還有別的故事嗎?」,抑或是從本書其他研究參與者的生命經驗,可以了解到為何我們無法將研究參與者的人生僅僅固定在單一版本的框架之內。雖然在臺灣人的眼中,她們是來自印尼的婚姻移民,但不必然意味著她們在臺灣社會中只能扮演一個被指定好的角色,而是有其他的可能性──或許是一個對於自

3　所指為訪問時間2015年。

己生為女人的一些想法（性別），在生活中所感知的族群文化與自己家鄉的有些差異，需要在與丈夫或姻親相處時做一些調整（族群），也許是因為堅持自己的宗教信仰而進一步影響了婆家家庭之祭祀行為與信仰（宗教）。當然，除了前述的性別、族群與宗教之外，還有其他或許是階級流動、教育程度的提升，但若要挖掘出其他的可能，端視於我們要從何種角度認識婚姻移民才能夠看到多個版本的人生故事。

本書在第一章提出以縱橫政治中之「紮根與置換」來開啟我們理解印尼婚姻移民的一扇窗，並嘗試以筆者自身相似的經驗為參照，學習與趨近研究參與者的生活世界。其次，縱橫政治第二個特色之「以平等概念環繞差異」則能突出將本書視為一個筆者與研究參與者共享的知識社群中權力關係的議題，因為就知識與階級上，筆者相對於研究參與者具有優位性。第三個特色則是「戒斷位置、認同與價值之間的必然連結」，如同前述淑瑩的生命經驗與感受所呈現的，來自印尼的客家婚姻移民有其多樣性，她們的認同、社會位置及政治與文化價值之間未必是相等的。除了藉由縱橫政治的三個特色作為筆者對於本書研究參與者所採取的認識論立場之外，本書主張不具有價值判斷又可如實呈現移民來臺原因的「婚姻移民」稱呼之外，亦同時指出臺灣慣有的「新住民」或「新移民」概念中所包含的複雜關係與意涵——新住民之間的關係以及新住民與臺灣人之間的關係，並非僅是如內政部定義（透過通婚而定居者）如此簡單可以涵蓋所有群體，同樣地，「第五大族群」的稱號在背後有著政府政策上的考量，但婚

姻移民內部有其異質性，以本書的研究參與者來說，雖皆來自於印尼，但有其家庭背景、教育程度與宗教信仰等之差別，單一標籤並無法說明她們生命經驗的複雜性。

筆者在從 2015 年至今的研究過程中，常常思考臺灣客家婚姻移民研究與臺灣婚姻移民研究之間的差異為何，以此了解客家研究的特色。由於臺灣客家知識體系建構始於千禧年之後，因此較臺灣婚姻移民研究出現時間大約晚了十年，再加上客家研究中的女性與性別研究的研究角度與關懷變化，到了 2000 年之後，開始以日常來理解客家女性，將她們從「四頭四尾」或是「勤儉持家」的扁平形象還原具有能動性的鮮活主體，此時，源自於印尼客家地區又與臺灣客家男性通婚的女性在此研究觀點轉變下獲得注意，有關於客家婚姻移民的研究因此展開。

接下來的問題在於探究客家婚姻移民的研究主題與臺灣婚姻移民研究所關懷的議題有何不同，我們亦可藉此凸顯客家研究的特點。由於客家研究中與婚姻移民有關的正式出版論文為數甚少，其研究之核心關懷圍繞在文化再生產、語言使用、認同建構與文化經驗，至 2022 年才將婚姻移民從家庭場域文化再生產架構下引領至公共領域。這是臺灣客家研究之婚姻移民研究與臺灣其他研究差異之處，因為客家研究少有從國家制度與社會宏觀層面討論婚姻移民權益等結構性問題，而由於客家研究中將特別是臺印跨國通婚定位為「跨國未跨種族」，再加上「文化親近性」論述，因此以中層族群文化切入，這意味著就某個程度而言，印尼客家女性因為與臺灣客家相近的語言使用與生活文化而被納入

臺灣客家我群之中。同時在與臺越通婚研究的比較之下，更加凸顯臺印在婚配對象的選擇上所考慮的是客家文化要素（客語）。

　　從客家研究與婚姻移民抑或是與跨國通婚相關文獻所歸納出的議題，則可一窺客家研究中所重視的方向，包括通婚網絡、社會／文化／生活適應或經驗、語言議題、認同建構、子女教育與教養、在地位置與族群關係，其中以社會／文化／生活適應或經驗佔最大比例。這體現了臺灣客家始終以「文化」作為核心關懷，再加上印尼客家婚姻移民被視為同樣為客家人，因此特別意欲了解她們的文化實踐與文化再生產的角色，但這不免也可以察覺到這部分是因為臺灣客家族群的「文化焦慮」使然。

　　「文化」要素不僅是客家研究思考婚姻移民在臺灣所處位置的重要憑藉，在通婚網絡上亦然，而且臺印客家跨國通婚中的仲介以個人特質及其自身網絡為重，強調的是客家跨國網絡雖有商業性質，但趨向以「人」作為主要因素。來到臺灣的客家移民，由於自己原本就具備的客語能力，因此本著對於客語的忠誠度，希望也願意將客語傳承給下一代。雖然客庄中的家庭型態為擴展家庭，小孩有機會以客語與祖父母溝通，孩子們依然容易以華語作為主要溝通語言，導致客語流失。

　　雖然印尼客家婚姻移民女性在原鄉所使用的客語與臺灣有些差異，基本上，客語仍可以幫助她們適應婚後生活，然而，值得注意的是，由於移民在原鄉不需要強調自己的客家身分，因為當地大多數人皆是，尤其是在山口洋，即便是潮州人也是說客家話，然而到了臺灣，雖然可能也是客庄，但婚姻移民的國籍「印

尼」仍影響人們對她們的看法，因此「客家」反而有助於其融入在臺生活，如此可知，跨國但未跨族的通婚對於女性移民的族群認同轉變產生作用。

　　婚姻移民在為人母之後，需要處理的是子女教育與教養的議題，基本上，婚姻移民之子與臺灣本國人在課業表現上並無差距，因此並非外籍與本國的差異，而是階級差異。再則，由於客庄婚姻移民子女因母親來自印尼客家地區而具有客家新血脈，因此與婚姻移民母國語言文化相較之下，客家文化的傳承須優先考量；而且在教育方面，在地的客家文化應普及化，因此建議納入全校性多元文化活動之中。

　　客家婚姻移民存在的場域不僅在家庭之內，在社區中亦可見到她們的身影，因此她們與在地客家社區的接觸可以創造出新的文化，且經由互動之後，在地客家認同因此更為豐富。同時，臺灣客家文化與婚姻移民所帶來的原鄉客家文化以及東南亞文化，在社區平台相遇之後能夠創造出嶄新鏈結。

　　在了解了臺灣客家研究之跨國通婚文獻中的客家性之後，我們接下來需要體認到婚姻移民的生命歷程鑲嵌在互相交織的多重面向內，以本書的研究參與者來說，則聚焦在性別、族群與宗教上，而如此生命歷程與經歷的產生是經過不同層次的因素催化而生，首先是因為印尼所處的國際政治經濟階序位置，甚或說是移民家鄉西加里曼丹的生活條件讓移民想要出外「尋找一個較好的生活」，在選擇得以落腳的異鄉時，相似的文化與語言則是考量的因素之一。

當抵達異鄉時，面臨的是未知挑戰，尤其是1990到2000年初之間來臺的研究參與者多為年紀尚輕的Amoy，立刻扮演人妻、人媳的角色，還要調適與姻親、鄰里、社區的相處以及適應臺灣整體社會對她們的看法，在這些過程中，婚姻移民大多需要面對的是來自臺灣社會將之定位為「新住民」或「新移民」的身分（貶抑字眼為「外籍新娘」），或甚至誤識為移工（貶抑字眼為「外勞」）。過了一年或兩年之後，則開始進入為人母的階段。因為結婚之後所產生的角色，也成為人們（包括社會大眾、鄰里與婆家家人）「觀看」移民的視角，婚姻移民自身則可能透過言語反擊，或是無奈之感，抑或是經由進修學習提升自己，進而參加主流社會社團活動等，以此作為與臺灣社會協商的自我定位。雖然如此，我們所見到的是，或可以說我們「選擇」看見的是移民在臺灣呈現的模樣，她們的原鄉生活與經歷彷彿成了真空狀態，不知道她們在印尼西加里曼丹的生活，毫無知悉她們其中有些人家境小康、經營工廠，或是不曉得她們在來臺灣之前，已經輾轉到他處工作，或是之前已來過臺灣，過著移動人生。而後在選擇與臺灣男性結婚的過程中，也早就耳聞鄰居或朋友之間因結婚移民臺灣的情形，因此在做決定時，每個人有自己的考量與原因——或許是到了適婚年齡，朋友介紹；抑或是在印尼已經經歷兩段婚姻，雖然無奈，但為了自己與兩個孩子的生存放手一搏而遠走他鄉。有的人或許為了躲避非良善意圖的追求，為了改善家中狀況，想要給自己的父母一個屬於自己的家。

　　移民在個人生命中遇到一些轉折點，透過婚姻出走，然而由

於絕大多數與丈夫認識不深，再加上需要適應新的生活以及新的角色，因此在婚姻初期生活需要許多的磨合，不只是在溝通方面，如洗澡、飲食等生活習慣也是問題。然究其背後原因在於臺灣婆家會期望來自印尼的媳婦是符合他們的期待，但又較無意願去認識與理解媳婦的原生文化內涵。在如此觀念下，婚姻移民成為「被指責」的對象，若想要追求自己的生活或出外學習，婆家則有疑慮或是將媳婦框在「不勤勞」的道德訓斥之中，然而，有時候鄰里親戚也加入「評斷」的行列之中。

本書研究參與者在臺灣幾乎都已超過二十年以上，大部分都有工作，然而婚姻移民的工作，因受限於原來學歷與在臺灣的社會位置，大多為勞力工作。每天工作時間大約為 10 到 12 個小時，但除了辛苦工作之外，仍須負責家務，不忘自己身為人妻與人母的「本分」。在如何協調家庭、工作甚至是自己的需求，例如基督教婚姻移民需要找到自己的心靈寄託，因此到教會的時間也需要能夠與家庭、工作配合。

生養孩子是婚姻移民在臺灣婆家被期待執行的「責任」，因為生為女性的移民負有生物再生產功能，為夫家延續子嗣，得以傳宗接代。由於本書多數研究參與者在臺已久，因此孩子大多已成年。生為婚姻移民之子，有其成長歷程，特別是小時候並不會覺得來自印尼的母親與別人的母親有何不同，但在青少年階段可能會因為母親身分而感到自卑，隨著自己成長，因年紀漸增而開始思考或進一步理解母親，同時建構自我認同。然筆者認為，本書中所提到的兩個婚姻移民的成年孩子，是因為與母親以及外婆

家有緊密的聯繫，同時也願意去了解母親曾有的經歷之後，才能對來自印尼的母親多了份理解。

在臺灣經歷過多少個春夏秋冬之後，婚姻移民逐漸找到自己的舞台，也從家庭、工作慢慢踏入社會，參加組織、參與活動，甚至是嶄露頭角，成為鎂光燈下或也有可能是出現在媒體上的人物。再加上，臺灣政府，包括各地地方政府，或是社區發展協會，抑或是與婚姻移民相關的組織，偏好以「歌舞、服裝、美食」方式展現「多元文化」，傳遞「婚姻移民在臺灣過著美好生活」的訊息，然而，在表面充滿歡樂的嘉年華場合之中，婚姻移民仍然被禁錮在「被觀看」的桎梏之中。

在對於本書婚姻移民的生活有所認識之後，筆者在最後透過移民的文化實踐以及所信仰的制度性宗教重新檢視臺印客家跨國通婚長期以來存在的「文化親近性」論述之適切性。基本上說來，文化親近性確實可以做為解釋臺印客家通婚發生的原因之一，因為通婚雙方彼此的語言、文化相近，但是當以此角度觀之時，容易忽略印尼婚姻移民自己原來的生活脈絡與文化實踐，而且也可能遮蔽了雙方的差異。

首先，在進行婚配對象的選擇時，臺灣客家男性從客家出發選擇配偶，印尼客家女性則因在印尼與周遭族群的關係而以華人為主要認同，再加上當地排華政策與氛圍，以及對於當地人不具好感，因而選擇同為華人國度的臺灣做為人生後半段的落腳處。至於，最常提及的語言相近因素，往往只強調印尼客家女性所操持的客家話，但似乎忽視她們也是來自印尼的華人，即便是客

語，亦有用詞與發音上的不同，而且印尼語也是所使用的語言之一，容易參雜至客語當中，因此導致本書研究參與者有時可能偏好以華語進行溝通。此外，對於印尼婚姻移民來說，由於印尼蘇哈托時期禁華語政策而使其無法掌握華語，所以到了臺灣，為融入更大的主流社會時，學習華語是必要之事。至於客語，雖然這是婚姻移民的母語，但對於她們來說，其意義或是是否使用依照情境而定。對於有些婚姻移民來說，即便與夫家有些不同，但此一語言仍有助於她降低溝通阻礙，進而能與鄰里或是在地社區進行互動。其次，客語可以當作對抗因為印尼身分而遭受藐視的擋箭牌，因為當她們被視作來自印尼的「外籍配偶」並操華語時，遭人質疑其腔調問題，帶有「臺灣認同」的客家認同並自稱為客家人，以減低來自臺灣社會的歧視。抑或是在自己的夫家也是因為身為印尼人而遭受不友善對待時，會以與夫家共享之客語為依據，凸顯自己是「印尼客家人」。除了語言以外，移民在原鄉的節慶禮俗等文化經驗雖然接近臺灣，但仍有些許差異。

　　印尼客家女性在臺灣除了為延續香火之外，文化再生產亦是被期待扮演的角色與承擔的責任。其中，由於客家家庭中注重祭祀，且這也屬於臺印之間「文化親近性」的一環，然而，當媳婦的宗教信仰有別於婆家時，則需要重新思考彼此之間的文化究竟是否親近。縱使是同樣為相似的佛道民間信仰，在觀念上或是執行上亦有差異，因此當我們在認識婚姻移民所來自的西加里曼丹，或是更聚焦於山口洋時，發現當地的華人宗教概念受到在地宇宙觀的影響，超自然以及與乩童的關係深深對人們的日常生活

發生作用，而這與臺灣是有所差別的。

看似相近的信仰有其隱含互異之處，而當制度性宗教與婆家的佛道信仰相遇之時，不僅是宗教行為的不同，更多的是宇宙觀上的差異。本書研究參與者在印尼已是基督徒，有些是家族本來就信仰基督教，有人是自己等到成年後改信。到了臺灣之後，希望透過參加教會讓心靈有所依託，身心得以安頓，而教會也在移民的生活中發揮某些實際的功能，例如找工作，或是需要政府的資訊，有相關經驗的婚姻移民在教會中扮演協助的角色。教會對於信仰基督教的婚姻移民來說，因為大家皆屬共享的意義體系，生命歷程與生活經驗讓彼此相連聚合。

由於祭祀在華人宇宙觀中扮演重要的角色，身為基督徒的婚姻移民在面對婆家的祭祖時，一方面克盡媳婦的責任，從旁協助，但另一方面不違背自己的宗教信仰，以在婆家與自身之間達到平衡。從信仰基督教的婚姻移民身上，可以看見的是宗教是她們最重視的價值，因此信仰堅定，並在與家人日久相處之下，傳達神的使命，有人的丈夫因此成為基督徒，抑或是婆婆也捨棄原來的佛道信仰而投入上帝的懷抱。如此現象引導我們回到本書最初的問題之一，「通婚之於臺灣客家族群，對於客家社會、文化與認同產生何種影響？」雖然本書中信仰基督教的婚姻移民人數佔四分之一，但由於她們的信仰影響了客家家庭相當重視的祖先祭祀，因此我們可以預見的是臺灣客家社會中深層的宇宙觀會隨著信仰的改變而發生某種程度的變化。此外，因為「上嫁」邏輯，咸認婆家權力（例如在飲食烹調須符合婆家口味、孩子教養

觀念，甚至家具擺設等）通常凌駕在來自印尼的媳婦之上，但信仰基督教的媳婦卻在某個程度上挑戰婆家原來深信不移的宇宙觀，原來的權力結構因而產生變化。

以研究參與者的童年生活作爲認識與理解印尼客家女性婚姻移民的開端，接著是因爲大環境的變化以及個人人生際遇而在西加里曼丹內部、印尼國內移動，最後落腳臺灣。在臺灣的生活，需要雙重適應，一方面是個人生命階段的變化——嫁做人婦、初爲人媳，另一方面則是跨越國界，公民身分的改變。但在這些過程中，婚姻移民需要讓「自己」在臺灣社會、家庭與工作中站穩腳步，也需要找到平衡之道。然而，這並非一蹴可幾，而可能是要花上十年、二十年的時間方能達成。

婚姻移民的「自我」在童年家鄉、離開家鄉、踏入婚姻、家庭生活的互相影響中成形，而其中宏觀國際秩序、歷史因素與政治結構；中介族群文化；微觀個人生活依照不同情況在研究參與者身上發生作用，同時亦是性別、族群與宗教三個社會類別視各異情境而交織下的樣貌。

在印尼原鄉，身爲華人最大的問題即是需要面對在地族群關係的挑戰，尤其是長久以來的排華氛圍讓移民將同樣爲華人國家的臺灣視爲安全之所，雖然從小在生活中有與其他族群接觸互動的經驗，也因爲家中經營生意之故，有機會察覺與異族內部的差異（例如達雅人與馬來人）、與異族之間的不同。在移民到臺灣之後，雖然到了主要由華人組成的國度，甚或進入與自己操持同樣爲客家話（但仍有用詞與腔調差異）的社區、夫家，然而因爲

印尼在世界體系中的位置（國籍）、婚姻移民的膚色外表，研究參與者反而被臺灣人歸納在「非華人」的類別中。研究參與者在由印尼長期排華的歷史與政策所構築的社會記憶當中，華人常受到暴力對待，甚或生命遭受威脅、傷害，甚至喪命。例如在1998年黑色五月暴動（Kerusuhan Mei, 1998）中，許多華人婦女遭受強暴，這就是爲何大部分的婚姻移民父母希望她們到臺灣的原因之一。當女性的身體被視爲族群或是國族的延伸時，敵軍的侵害身體則意味著侵入族群或國族界線（Einhorn, 2006）。因此，個人的移動背後，有其來自上述由華人在地社會位置與族群關係之宏觀因素驅使，同時亦在全球化的遷移性別化的浪潮下（參見本書第二章），透過婚姻向外移動。此外，在1997年到1998年亞洲金融海嘯下，家庭經濟無法倖免，導致部分研究參與者企圖以跨國通婚方式改善娘家生活。當然，有些原本就是處於貧困，人們的經濟狀況亦與西加里曼丹整體環境與產業發展有關，例如以山口洋爲例，大部分華人以務農或是自營小生意爲主，如此也導致人們「離開家鄉」，希冀邁向成功。跨國通婚可說是「離開家鄉」的方式之一，藉此展開人生新階段，雖然並非所有人如願過上自己理想中的生活，但有些研究參與者確實因此改善家中經濟。在此巨觀的全球化之國際政經秩序、印尼歷史、政治與經濟層面，性別與族群在研究參與者的生命中產生交互作用。

　　在亞洲跨國通婚「上嫁」邏輯以及父系家庭的框架之下，婚姻移民的客家身分是臺灣夫家在擇偶的優先考量之一，且被預設

爲等同其相對應的語言及文化（亦即忽略移民其他層面的文化實踐，例如印尼社會的思維、行爲等）。在臺灣客家研究與社群的想像下，來自印尼的客家女性在臺灣的角色從全球的移動者轉變爲臺灣客家族群文化的再生產者。在中層的族群文化層面上，對於原鄉爲印尼西加里曼丹的客家人來說，特別是在周圍皆是使用客家話的環境中，「客家」意義並不凸顯，縱使有，屬於「差異認知」——感受到與其他方言群的不同，抑或是以語言、血緣、祖先來源爲認同依據。但是，當以婚姻移民的身分到了臺灣之後，首先藉由「客家」融入環境或是降低對異鄉的陌生感，雖然在用字、腔調上有所差異。「客家」也可以是當面對來自臺灣主流社會對移民的質疑或帶有歧視時所運用的身分。此外，因臺灣的族群政治與政策使然，移民感受到臺灣更加強調「客家」。族群文化的影響尚表現在對於媳婦的期待——部分研究參與者在印尼來自小康之家，從小生活習慣上並不省吃，然而進入臺灣婆家家庭後，卻必須適應公婆節省的生活習慣，以符合身爲媳婦的角色。更甚者，婆家希望媳婦兼顧家庭與工作，且由於大多研究參與者並非居住在都會區，「當客家人的媳婦」並非易事。在此中介層面，性別與族群文化對研究參與者產生相互影響。

族群文化層次中的宗教祭祀，可以同時被視爲與微觀個人生活經驗重疊。因爲特別是祭祀祖先是客家家庭中極爲重視之事，此涉及人與祖先關係之宇宙觀內涵。印尼華人社會亦重視此事，因此當研究參與者改信基督教時會遭受到印尼原生家庭的阻力，結婚後，更是因爲宗教信仰遭致臺灣婆家誤解，雖從旁協助但無

法真正擔負祭祀祖先的責任，但在婚姻移民的影響下，丈夫或婆婆的信仰改變，如此變化一方面在族群文化上發生作用，另一方面則是個人如何看待世界與自身的觀點。宗教信仰對於移民個人來說，在印尼原鄉，成為基督徒，可說是脫離原生家庭展現自我的表現，亦在移動過程中具有安頓身心功能，尤其是身為婚姻移民，在臺灣參加教會，與同鄉見面同樂、一解身為人妻媳的苦悶、用語言與食物撫慰思鄉之情、交換生活或工作等實用資訊，或是透過宗教與神職人員的協助，改善婚姻與家庭生活等。以此觀之，性別、族群與宗教同時在中介族群與微觀個人層次上交融縱橫。

最末，「Amoy，還有別的故事嗎？」這個問題提問的對象並非針對婚姻移民，而是身為主流社會成員的我們。為何我們以特定眼光看待印尼婚姻移民，難道她們沒有別的故事？跨國通婚在亞洲已是普遍的現象，研究議題可以多元化，也可以從不同視角理解婚姻移民，若要能夠還原婚姻移民鮮活的形象，我們需要的是兼具不同層面的立體畫面，包括宏觀之國際政經秩序、國家政治、歷史、社會、族群關係，中介族群文化的影響，以及微觀個人生活，同時在性別、族群與宗教，或是其他社會類別互相交織下看到多重視域的可能。如此，Amoy的故事將說不盡！

參考文獻

小宮有紀子，2008，《台灣婚姻移民之語言資源：階級、性別與種族差異》。臺北：國立臺灣大學社會學研究所碩士論文。

王甫昌，2001，〈台灣族群通婚與族群關係再探〉，收錄於劉兆佳等編，《社會轉型與文化變貌：華人社會的比較》，頁393-430。香港：香港中文大學香港亞太研究所。

王甫昌，2003，《當代台灣社會的族群想像》。臺北：群學。

王劭予，2008，《上嫁或下嫁？——俄羅斯女性配偶在台生活經驗初探》。新竹：國立清華大學人類學研究所碩士論文。

王俐容、鄧采妍，2017，〈臺灣印尼客家婚姻移民的認同重構與文化流動〉，收錄於蕭新煌主編，《臺灣與東南亞客家認同的比較：延續、斷裂、重組與創新》，頁259-286。桃園：國立中央大學出版中心；臺北：遠流。

王素華，2015，《在台新移民及其子女回應基督教福音和關懷之研究——以苗栗印尼活水教會為例》。臺北：基督教台灣浸會神學院基督教神學研究所碩士論文。

王愛平，2010，〈印度尼西亞孔教的形成與發展〉，《暨南學報》，2010（3）：213-221。

尹慶春、章英華，2006，〈對娶外籍與大陸媳婦的態度：社會接觸的重要性〉，《台灣社會學》，12：191-232。

朱惠珍，2016，〈客家新移民女性微型創業之可能〉，《婦研縱橫》，104：31-41。

江明修、廖元豪、吳正中，2012，《政府施政措施落實多元族群主流化之研究》。臺北：行政院研考會。

李亦園，1992，《文化的圖像》（下冊／宗教與族群的文化觀察）。臺北：允晨。

李惠蘭，2004，《跨文化傳播行為與疑慮消除——以嫁給台灣人的韓國女性為例》。臺北：國立政治大學廣播電視學研究所碩士論文。

李廣均，2008，〈籍貫制度、四大族群與多元文化——國家認同之爭下的人群分類〉，收錄於王宏仁、李廣均、龔宜君編，《跨戒：流動與堅持的台灣社會》，頁93-110。臺北：群學。

利亮時，2013，〈走過移民崎嶇路的社團：曼谷客家總會與山口洋地區鄉親會之比較〉，收錄於林開忠主編《客居他鄉——東南亞客家族群的生活與文化》，頁102-113。苗栗：客家委員會客家文化發展中心、南投：國立暨南國際大學東南亞研究中心。

利亮時、賴郁如，2012，〈臺灣印尼客僑的歸屬經驗〉，《台灣東南亞學刊》，9（2）：109-132。

吳孟燁，2013，《苗栗縣公館鄉東南亞新住民語言使用與語言態度調查》。苗栗：國立聯合大學客家語言與傳播研究所碩士論文。

邱瑞紅，2007，《客家地區新移民女性的識字與就業：以造橋國小識字班為例》。新竹：國立交通大學客家文化學院客家社會與文化教師碩士在職專班論文。

邱琡雯，2013，《出外：台日跨國女性的離返經驗》。臺北：聯經。

何韋君，2016，《文化適應與再生產：臺灣桃園市閩客家庭中的東南亞新住民女性配偶》。南投：國立暨南國際大學東南亞學系碩士論文。

吳蓉蓉，2008，《外籍配偶家庭及其子女教育個案之研究——以苗栗縣山線客家庄為中心》。宜蘭：佛光大學未來學系碩士論文。

林正慧，2015，《臺灣客家的形塑歷程：清代至戰後的追索》。臺北：國立臺灣大學出版中心。

林津如，2011，〈女性主義縱橫政治及其實踐：以台灣邊緣同志為

例〉，收錄於游素玲主編，《跨國女性研究導讀》，頁17-48。臺北：
五南。

林津如，2012，〈性別、文化與族群：跨國婚姻家庭關係與新移民的女
性認同形構〉，《人文與社會科學簡訊》，13（4）：38-46。

林開世，2014，〈對臺灣人類學界族群建構研究的檢討：一個建構論的
觀點〉，收錄於林淑蓉等編，《重讀臺灣：人類學的視野：百年人類
學回顧與前瞻》，頁217-252。新竹：清華大學。

林開忠與王宏仁，2006，〈移民研究的知識社會學考察——以東南亞台
商與婚姻移民為例〉，發表於「國家認同之文化論述」學術研討會，
2006年6月10-11日，行政院文化建設委員會暨臺灣國際研究學會主
辦。

林娜娜，2018，〈唯有祂能做到！〉，《工福之友》，33（2）：無頁
數。

林漢岳，2006，《國際遷移的另一種視野：東南亞籍男性婚姻移民來台
灣之生活適應》。臺北：國立臺灣師範大學社會工作學研究所碩士論
文。

卓玉琳，2014，《印尼籍穆斯林配偶在臺之宗教實踐》。南投：國立暨
南國際大學東南亞研究所在職專班碩士論文。

施添福，2013，〈從「客家」到客家（一）：中國歷史上本貫主義戶籍
制度下的「客家」〉，《全球客家研究》，1：1-55。

胡愈寧、張瑞蘭，2012，〈客庄新住民之子女語文能力與生活適應研
究〉，《聯大學報》，9（2）：23-36。

俞明仁，2017，〈越南新移民與佛教信仰：以「台灣越南智德佛教文化
交流協會」為例〉，《圓光佛學學報》，30：135-198。

高淑貴，1991，《家庭社會學：台灣地區的家庭與婚姻》。臺北：黎明
文化。

陳明珠，2012，《新住民子女客語學習態度與客語能力之研究——以高雄市東門國小為例》。屏東：國立屏東教育大學文化創意產業學系碩士論文。

孫煒、黃之棟、許雲翔，2015，《我國族群事務資源分配機制之研究》委託研究報告。臺北：國家發展委員會。

唐文慧、王宏仁，2011，〈結構限制下的能動性施展：台越跨國婚姻受暴婦女的動態父權協商〉，《台灣社會研究季刊》，82：123-170。

夏曉鵑，1994，〈淺論傳統客家婦女的身分與地位〉，收錄於美濃愛鄉協進會編，《重返美濃》，頁114-121。臺中：晨星。

夏曉鵑，1995，〈外籍新娘在美濃〉，《中國時報》，1995/10/17，第15版。

夏曉鵑，2000，〈資本國際化與國際婚姻——以台灣的「外籍新娘」現象為例〉，《台灣社會研究季刊》，39：45-92。

夏曉鵑，2002，《流離尋岸——資本國際化下的「外籍新娘」現象》，台灣社會研究叢刊。

夏曉鵑，2003，〈實踐式研究的在地實踐：以「外籍新娘識字班」為例〉，《台灣社會研究季刊》，49：1-47。

夏曉鵑編，2009，《騷動流移》。臺北：台灣社會研究雜誌社。

夏曉鵑，2018，〈解構新自由主義全球化下的「第五大族群——新住民」論述〉，收錄於黃應貴編《族群、國家治理、與新秩序的建構：新自由主義化下的族群性》，頁311-353。臺北：群學。

許維德，2013，《族群與國族認同的形成：台灣客家、原住民與台美人的研究》。桃園：國立中央大學出版中心，臺北：遠流。

許惠捷，2010，《北埔在地客家認同的浮現與轉化》。新竹：國立清華大學社會學研究所碩士論文。

章英華、尹慶春，2004，〈從社會距離看臺灣的族群關係〉，《香港社

會學學報》5：119-137。

張茂桂，2002，〈多元主義、多元文化論述在台灣的形成與難題〉，收錄於薛天棟編，《台灣的未來》，頁223-273。臺北：華泰文化事業公司。

張亭婷，2008，《外籍配偶與客家文化傳承》。桃園：國立中央大學客家社會文化研究所碩士論文。

張亭婷、張翰璧，2008，〈東南亞女性婚姻移民與客家文化傳承：越南與印尼籍女性的飲食烹調策略〉，《臺灣東南亞學刊》，5（1）：93-146。

張鈺平，2003，《台越跨國婚姻之仲介業角色研究》。臺南：國立成功大學政治經濟學研究所碩士論文。

張雅婷，2005，《台印跨國婚姻仲介研究：以南港村爲例》。南投：國際暨南國際大學東南亞研究所碩士論文。

張書銘，2002，《台越跨國婚姻市場分析：「越南新娘」仲介業之運作》。臺北縣：淡江大學東南亞研究所碩士論文。

張維安、張容嘉，2009，〈客家人的大伯公：蘭芳公司的羅芳伯及其事業〉，《客家研究》，3（1）：57-88。

張嘉眞，2007，《南桃園國小客家新移民子女教育之研究——多元文化教育與文化再製理論》。桃園：國立中央大學客家政治經濟與政策研究所在職碩士專班論文。

張翰璧，2007，《東南亞女性移民與臺灣客家社會》。臺北：中央研究院人文社會科學研究中心亞太區域研究專題中心。

張翰璧、柯瓊芳、黃祥芝，2016，《我國族群發展重要指標分析與運用規劃》委託研究報告。臺北：國家發展委員會。

張翰璧、蔡芬芳，2023，〈來回部落主義與多元文化之間的「族群」足跡〉，收錄於張翰璧、蔡芬芳編，《客家研究與族群研究的對話》，

頁 27-80。臺北：巨流。

張陳基，2023，〈臺灣族群主流化政策指標建構之研究〉，收錄於張翰
　　璧、蔡芬芳編，《客家研究與族群研究的對話》，頁 267-304。臺北：
　　巨流。

張曉菁，2022，〈臺灣新住民研究之現況與趨勢〉，發表於 2022 年第二
　　十四屆臺灣的東南亞區域研究年度學術研討會「族群與區域：東南亞
　　社會的在地性與多樣性」，2022 年 5 月 20-21 日」，臺灣東南亞學會、
　　中央大學客家學院、中央研究院人社中心亞太區域研究專題中心主
　　辦。

黃文樹，2015，〈高雄市客家地區外籍配偶家庭親職教養問題及其改善
　　途徑〉，《正修通識教育學報》，12：45-77。

黃玉玲，2013，《桃竹苗地區客籍家庭外籍配偶客語聽說環境與口語表
　　達能力之研究》。新竹：國立新竹教育大學臺灣語言與語文教育研究
　　所碩士論文。

黃惠珍，2008，《印尼山口洋客家話研究》。桃園：國立中央大學客家
　　語文研究所碩士論文。

黃麗生，2012，〈跨海和異鄉人相通：後龍溪流域客家人的多元族際體
　　驗與海外連結〉，《海洋文化學刊》，12：39-83。

彭美琪，2013，《客家聚落新住民生活適應之研究——以新竹縣軟橋為
　　例》。南投：國立暨南國際大學終身學習與人力資源發展碩士學位學
　　程碩士在職專班論文。

彭尉榕，2006，《原客通婚的族群邊界與位階：地域、世代的比較分
　　析》。花蓮：國立東華大學族群關係與文化研究所碩士論文。

雲昌耀著，邱炫元等譯，2012，《當代印尼華人的認同：文化、政略與
　　媒體》。臺北：群學。

曾嬿芬，2007，〈研究移住／居台灣：社會學研究現況〉，《台灣社會

研究季刊》，66：75-103。

湯怡軒，2012，《客家與他者的關係：以屏東縣佳冬鄉為例》。高雄：
　　國立高雄師範大學客家文化研究所碩士論文。

覃培清，2011，《臺泰跨國婚姻文化適應現象：以南桃園客家庄泰籍妻
　　子為例》。桃園：國立中央大學客家社會文化研究所碩士論文。

詹靜枝，2016，《桃園市客家庄新住民的文化適應與認同研究：以觀音
　　區菲籍家庭為例》。桃園：國立中央大學客家語文暨社會科學學系客
　　家研究碩士在職專班碩士論文。

廖元豪，2009，〈全球化趨勢中婚姻移民之人權保障：全球化、台灣新
　　國族主義、人權論述的關係〉，收錄於夏曉鵑編，《騷動流移》，頁
　　165-200。臺北：台灣社會研究雜誌社。

鄧采妍，2016，《桃竹苗地區印尼客家外籍配偶的認同變遷》。桃園：
　　國立中央大學客家社會文化研究所碩士論文。

劉千嘉，2011，〈台灣都市原住民的族群通婚：社會界線的世代差
　　異〉，《人口學刊》，42：115-153。

劉惠萌，2010，《「落地・生根」：客家外籍配偶婚姻生活適應策略
　　──以頭份鎮外籍配偶識字班為例》。新竹：國立交通大學客家文化
　　學院客家社會與文化碩士在職專班論文。

劉堉珊、劉瑞超、張維安，2022，〈新竹客家與東南亞文化的相遇〉，
　　收錄於蕭新煌、張翰璧教授主編《台馬客家帶的族群關係》，頁345-
　　386。桃園：國立中央大學出版中心；臺北：遠流。

劉聰穎，2010，《「商業掮客還是傳統媒人？」「阿發叔」與其「客
　　戶」的日常生活觀察》。南投：國立暨南國際大學東南亞研究所碩士
　　論文。

蔡芬芳，2016a，《走向伊斯蘭：印尼客家華人成為穆斯林之經驗與過
　　程》。桃園：國立中央大學出版中心；臺北：遠流。

蔡芬芳，2016b，〈試從消除對婦女一切形式歧視公約（CEDAW）與「相互交錯性」思考客家性別平等政策〉，收錄於張維安、陶振超編《跨界思維——台灣與全球客家的政策對話》，頁255-281。新竹：交通大學出版中心。

蔡芬芳，2017，〈「差不多……又不一樣!」：臺灣與印尼客家通婚之文化經驗〉，收錄於蕭新煌編《臺灣與東南亞客家認同的比較：延續、斷裂、重組與創新》，頁287-316。桃園：國立中央大學出版中心；臺北：遠流。

蔡芬芳，2022，〈印尼後蘇哈托時期的華人政治參與和性別秩序：以山口洋市長蔡翠媚的從政之路為例〉，收錄於張維安主編《客家與周邊族群關係》，頁221-245。新竹：國立陽明交通大學出版社。

蔡芬芳、張陳基，2018，《「臺灣客庄地區東南亞新住民及新住民二代生活適應、照顧輔導及就學就業等需求研究計畫」期末報告》，未出版。

蔡維民，2004，〈印尼華人基督教會宣教初探——以蘇門答臘為例〉，《亞太研究論壇》，23：71-98。

蔡雅玉，2000，《台越跨國婚姻現象之初探》。臺南：國立成功大學政治經濟學研究所碩士論文。

蕭心屏，2010，《文化公民權協商與展演：以在台日籍女性配偶的生活為例》。高雄：國立中山大學社會學系碩士班碩士論文。

蕭新煌、林開忠、張維安，2007，〈東南亞客家篇〉，收錄於徐正光編，《台灣客家研究概論》，頁563-581。臺北：行政院客家委員會與臺灣客家研究學會。

蕭新煌、張翰璧，2022，〈族群與空間：台馬客家帶族群關係的比較〉，收錄於蕭新煌、張翰璧教授主編《台馬客家帶的族群關係》，頁13-38。桃園：國立中央大學出版中心；臺北：遠流。

鍾永豐，1994，〈淺論傳統客家婦女的身分與地位〉，收錄於美濃愛鄉協進會編，《重返美濃》，頁114-121。臺中：晨星。

鍾秀梅，1994，〈談客家婦女〉，收錄於美濃愛鄉協進會編，《重返美濃》，頁122-129。臺中：晨星。

鍾鳳嬌、黃秋菊、趙善如、鍾鳳招，2011，〈遊走於「文化」與「自我」之間：客籍新移民女性自我形塑之探討〉。《人文社會科學研究》，5（1）：22-50。

鍾鎮城、黃湘玲，2010，〈客籍新移民女性之語言使用與自我移民認同形塑〉。收於莊英章、簡美玲主編：《客家的形成與變遷（下）》，頁693-716。新竹：交通大學出版社。

謝淑玲，2005，《在臺客籍「印尼」與「大陸」配偶之客家認同比較研究》。國立中央大學客家社會文化研究所碩士論文。

謝淑芳，2010，《跨文化溝通與客家文化之再生產：以苗栗客家地區新住民女性配偶為例》。苗栗：國立聯合大學客家語言與傳播研究所碩士論文。

謝國斌，2019，〈印尼的族群政策〉，收錄於施正鋒編，《千禧年來的印尼》，頁83-117。臺北：翰蘆。

藍佩嘉，2007，〈性別與跨國遷移〉，收錄於黃淑玲與游美惠主編，《性別向度與台灣社會》，頁225-248。臺北：巨流。

羅枝新，2016，《臺灣越南新住民客家話聲調之聲學分析：個案研究》。苗栗：國立聯合大學客家語言與傳播研究所碩士論文。

龔宜君，2019，〈格格不入：來臺越南女性婚姻移民的雙重缺場〉，《臺灣社會學刊》65：69-125。

Appadurai, Arjun（阿君・阿帕度萊），鄭義愷譯，2009，《消失的現代性：全球化的文化向度》。臺北：群學。

Anthias, Floya and Nira Yuval-Davis (eds.), 1989, *Woman-Nation-State*. London:

Macmillan.

Armstrong, John A. 1982, *Nations before Nationalism*. Chapel Hill, NC: University of North Carolina Press.

Badan Pusat Statistik, Kota Singkawang/ BPS-Statistics of Singkawang Municipality, 2020, *Kota Singkawang Dalam Angka, Singkawang Municipality in Figures*. Singkawang: BPS Kota Singkawang.

Bradley, Harriet, 2007, *Gender*. Cambridge: Polity.

Bradley, Harriet and Geraldine Healy, 2008, *Ethnicity and Gender at Work. Inequalities, Careers and Employment Relations*. New York: Palgrave Macmillan.

Brah, Avtar and Ann Phoenix, 2004, Ain't I A Woman? Revisiting Inter-sectionality. *Journal of International Women's Studies*, 5 (3): 75-86.

Brubaker, Rogers, 2002, Ethnicity Without Groups. *Archives Européennes de Sociologie* Vol. XLIII Iss. 2. Available at: http://works.bepress.com/wrb/7/: 163-189.

Butler, Judith, 1990, *Gender Trouble. Feminism and the Subversion of Identity*. London and New York: Routledge.

Bogardus, Emory S., 1959, *Social Distance*. Los Angeles: Antioch.

Carol, Sarah, 2016, *Social integration and intermarriage in Europe: Islam, partner-choices and parental influence*. Farnham, Surrey: Ashgate.

Carstens, Sharon A., 2006, *Histories, Cultures, Identities: Studies in Malaysian Chinese Worlds*. Singapore: Singapore University Press.

Chai, Elena, 2017, *Of Temple and Tatung Tradition in Singkawang*. UNIMAS Publisher, Universiti Malaysia Sarawak.

Chan, Margaret, 2009, Chinese New Year in West Kalimantan: Ritual Theatre and Political Circus. *Chinese Southern Diaspora Studies*（南方華裔研究雜誌）3: 106-142.

Chan, Margaret, 2013, The Spirit-mediums of Singkawang: Performing 'Peoplehood'. In Siew-Min Sai and Chang-Yau Hoon (Eds.), *Chinese Indonesians Reassessed: History, Religion and Belonging*, pp. 138-158. London and New York: Routledge.

Chang, Hsin-Chieh, 2020, Do gender systems in the origin and destination societies affect immigrant integration? Vietnamese marriage migrants in Taiwan and South Korea. *Journal of Ethnic and Migration Studies*, 46: 2937-2955, DOI: 10.1080/1369183X.2019.1585014.

Chiang, Bien and Jean Chih-yin Cheng, 2019. Chinese Capital and Chinese Cultural Capital: A Case Study of Singkawang, West Kalimantan, Indonesia. In Yos Santasomat (Ed.), *The Sociology of Chinese Capitalism in Southeast Asia: Challenges and Prospects*, pp.315-330. Singapore: Palgrave Macmillan.

Choo, Hae Yeon and Myra Marx Ferree, 2010, Practicing Intersectionality in Sociological Research: A Critical Analysis of Inclusions, Interactions, and Institutions in the Study of Inequalities. *Sociological Theory*, 28 (2): 129-149.

Christensen, Ann-Dorte and Sune Qvotrup Jensen, 2012, Doing Intersectional Analysis: Methodological Implications for Qualitative Research. *NORA - Nordic Journal of Feminist and Gender Research*, 20: 2, 109-125.

Coppel, Charles A., 2005, Introduction: Researching the Margins. In Tim Lindsey and Helen Pausacker (Eds.) *Chinese Indonesians: Remembering, Distorting, Forgetting*, pp. 1-13. Singapore: Institute of Southeast Asian Studies.

Constable, Nicole, (Ed.), 2005, *Cross-Border Marriages: Gender and Mobility in Transnational Asia*. Philadelphia: University of Pennsylvania Press.

Crenshaw, Kimberlé W., 1989, Demarginalizing the Intersection of Race and Sex: A Black Feminist Critique of Antidiscrimination Doctrine, Feminist Theory and Antiracist Politics. *The University of Chicago Legal Forum*, 140: 139-167.

Crenshaw, Kimberlé W., 1991, Mapping the Margins: Intersectionality, Identity Politics, and Violence against Women of Color. *Stanford Law Review*, 43 (6): 1241-1299.

Crenshaw, Kimberlé W., 2003, Traffic at the Crossroads: Multiple Oppressions.In Robin Morgan (Ed.), *Sisterhood is Over: the Women's Anthology for a New Millennium*, pp.43-57. New York: Washington Square Press.

Desyllas, Moshoula Capous, 2007, A Critique of the Global Trafficking Discourse and U.S. Policy. *Journal of Sociology and Social Welfare*, 14 (4): 57-79.

Dewi, Kurniawati Hastuti, 2019, Chinese Indonesian Women in Local Politics: The Political Rise of Tjhai Chui Mie in Singkawang. *Asian Women*, 35 (2): 53-74.

Einhorn, Barbara, 2006, Insiders and Outsiders: Within and Beyond the Gendered Nation. In Kathy Davis, Mary Evans and Judith Lorber (Eds.), *Handbook of Gender and Women's Studies*, pp. 196-213. London: Sage.

Enloe, Cynthia, 1989, *Bananas, Beaches and Bases: Making Feminist Sense of International Relations*. London: Pandora.

Frederiks, Martha, 2015, Religion, Migration, and Identity. A Conceptual and Theoretical Exploration. In Martha Frederiks and Dorottya Nagy (Eds.), *Religion, Migration and Identity: Methodological and theological explorations*, pp. 9-29. Brill.

Freeman, Caren, 2005, Marrying Up and Marrying Down: The Paradoxes of Marital Mobility for Chosŏnjok Brides in South Korea. In Nicole Constable (Ed.), *Cross-Border Marriages: Gender and Mobility in Transnational Asia*, pp. 80-100. Philadelphia: University of Pennsylvania Press.

Gordon, Milton, 1964, *Assimilation in American Life: The Role of Race, Religion, and National Origins*. New York: Oxford University Press.

Grillo, Ralf D.,2003, Cultural essentialism and cultural anxiety. *Anthropological Theory,* 3 (2): 157-173.

Hancock, Ange-Marie, 2016, *Intersectionality: An Intellectual History.* New York: Oxford University Press.

Handler, Richard, 1984, On Sociocultural Discontinuity: Nationalism and Cultural Objectification in Quebec. *Current Anthropology,* 25 (1): 55-71.

Hefner, Robert W., 2021, Islam and Institutional Religious Freedom in Indonesia. *Religion,* 12: 415. https://doi.org/10.3390/rel12060415

Heidhues, Mary Somers, 2003, *Golddiggers, Farmers, and Traders in the "Chinese Districts" of West Kalimantan, Indonesia.* Ithaca, New York: Cornell University.

Hertzman, Emily, 2014, Returning to the Kampung Halaman: Limitations of Cosmopolitan Transnational Aspirations Among Hakka Chinese Indonesians Overseas. *ASEAS – Austrian Journal of South-East Asian Studies,* 7 (2): 147-164.

Hertzman, Emily, 2017, *Pulang Kampung (Returning Home): Circuits of Mobility from a Chinese Town in Indonesia.* A thesis submitted in conformity with the requirements for the degree of Doctor of Philosophy. Anthropology Department, University of Toronto.

Hillsburg, Heather, 2013, Towards a Methodology of Intersectionality: An Axiom-Based Approach. *Atlantis,* 36 (1): 3-11.

Hoon, Chang-Yau, 2014, 'By race, I am Chinese; and by grace, I am Christian': Negotiating Chineseness and Christianity in Indonesia. In Siew-Min Sai and Chang-Yau Hoon (Eds.), *Chinese Indonesians Reassessed: History, Religion and Belonging,* pp. 159-177. London and New York: Routledge.

Hsia, Hsiao-chuan, 1997, *Selfing and Othering in the "Foreign Bride" Phenomenon—A Study of Class, Gender and Ethnicity in the Transnational*

Marriages between Taiwanese Men and Indonesian Women. Dissertation. Department of Sociology, University of Florida.

Hui, Yew-Foong, 2011, *Stranger at Home: History and Subjectivity among the Chinese Communities of West Kalimantan, Indonesia*. Leiden and Boston: Brill.

Hwang, Sean-Shong, 1997, Structural and Assimilationist Explanations of Asian American Intermarriage. *Journal of Marriage and the Family*, 59: 758-772.

Iwabuchi, Koichi, Hyun Mee Kim and Hsiao-chuan Hsia (Eds.), 2016, *Multiculturalism in East Asia: A transnational exploration of Japan, South Korea and Taiwan*. Rowman & Littlefield International.

Jenkins, Richard, 1994, Rethinking Ethnicity: Identity, Categorization and Power. *Ethnic and Racial Studies*, 17 (2): 197-223.

Kalmijn, Matthijs and Frank van Tubergen, 2010, A Comparative Perspective on Intermarriage: Explaining Differences among National-origin Groups in the United States. *Demography*, 47 (2): 459-479.

Knudsen, Susanne V., 2005, Intersectionality – A Theoretical Inspiration in the Analysis of Minority Cultures and Identities in Textbooks. In Éric Bruillard et al. (Eds.) *Caught in the Web or Lost in the Textbooks?* pp. 61-76. International Association for Research on Textbooks and Educational Media, Eighth International Conference on Educational and Learning Media.

Kuhn, Philip A., 2008, *Chinese Among Others. Emigration in Modern Times*. Lanham, MD: Rowman and Littlefield Publishers.

Lehrer, Evelyn, 1998, Religious Intermarriage in the United States: Determinants and Trends. *Social Science Research*, 27: 245-263.

Lewis, Gail, 2009, Celebrating Intersectionality? Debates on a Multi-faceted Concept in Gender Studies: Themes from a Conference. *European Journal of Women's Studies*, 16 (3): 203-210.

Lu, Melody Chia-Wen and Wen-Shan Yang (Eds.), 2010, *Asian Cross-border Marriage Migration: Demographic Patterns and Social Issues*. Amsterdam: Amsterdam University Press.

Lumby, Jacky, 2011, Methodological Issues and Intersectionality in Gender. Paper presented at an IIEP (International Institute for Educational Planning) evidence-based Policy Forum on Gender Equality in Education: Looking Beyond Parity, 3-4 October, Paris.

Lutz, Helma and Norbert Wenning, 2001, *Unterschiedlich verschieden. Differenz in der Erziehungswissenschaft*. Wiesbaden: VS Verlag für Sozialwissenschaften.

McCall, Leslie, 2005, The complexity of intersectionality. *Signs*, 30 (3): 1771-1800.

Murstein, Bernard I. ,1986, *Paths to Marriage*. Beverly Hills: Sage.

Oxfeld, Ellen, 2005, Cross-border Hypergamy? Marriage Exchanges in a Transnational Hakka Community. In Nicole Constable (Ed.), *Cross-Border Marriages: Gender and Mobility in Transnational Asia*, pp. 17-33. Philadelphia: University of Pennsylvania Press.

Park, Robert E., 1950, *Race and Culture*. New York: Free Press.

Pessar, Patricia and Sarah Mahler, 2003, Transnational Migration: Bringing Gender In. *International Migration Review*, 37 (3): 812-846.

Phoenix Ann and Pamela Pattynama, 2006, Intersectionality. *European Journal of Women's Studies*, 13 (3): 187-192.

Prasad, Karolina, 2016, *Identity Politics and Elections in Malaysia and Indonesia: Ethnic Engineering in Borneo*. London and New York: Routledge.

Prins, Baukje, 2006, Narrative Accounts of origins. A Blind Spot in the Intersectional Approach? *European Journal of Women's Studies*, 13 (3): 277-290.

Schein, Louisa, 2005, Marrying out of Place: Hmong/ Miao Women Across and

Beyond China. In Nicole Constable (Ed.), *Cross-Border Marriages: Gender and Mobility in Transnational Asia*, pp.53-79. Philadelphia: University of Pennsylvania Press.

Sherkat, Darren E., 2004, Religious intermarriage in the United States: trends, patterns, and predictors. *Social Science Research*, 33: 606-625.

Smith, Timothy L., 1978, Religion and Ethnicity in America. *The American Historical Review*, 83 (5): 1155-1185.

Soleiman, Yusak and Karel Steenbrink, 2008, Chinese Christian Communities in Indonesia. In Jan Sihar Aritonang and Karel Steenbrink (Eds.) *A History of Christianity in Indonesia*, pp.903-923. Brill. https://www.jstor.org /stable/ 10.1163/j.ctv4cbgb1.24

Steenbrink, Karel 2008, Kalimantan or Indonesian Borneo. In Jan Sihar Aritonang and Karel Steenbrink (Eds.) *A History of Christianity in Indonesia*, pp.493-526. Brill . https://www.jstor.org/stable/10.1163/j.ctv4cbgb1.17

Tanggok, M. Ikhsan, 2015, *Agama dan Kebudayaan Orang Hakka di Singkawang: Memuja Leluhur dan Menanti Datangnya Rezeki*. Jakarta: Kompas Penerbit Buku.

Thai, Hung Cam, 2005, Clashing Dreams in the Vietnamese Disapora: Highly Educated Overseas Brides and Low-Wage U.S. Husbands. In Nicole Constable (Ed.), *Cross-Border Marriages: Gender and Mobility in Transnational Asia*, pp.145-165. Philadelphia: University of Pennsylvania Press.

Utomo, Ariane J., 2020, Love in the melting pot: ethnic intermarriage in Jakarta. *Journal of Ethnic and Migration Studies*, 46: 14, 2896-2913, DOI: 10.1080/1369183X.2019.1585008.

Wagenbach, Katharina, 2007, Gender als interdependente Kategorie. In Katharina Wagenbach et al. (Eds.), *Gender als interdependente Kategorie. Neue*

Perspektiven auf Intersektionalität, Diversität und Heterogenität, pp. 23-64. Verlag Barbara Budrich, Opladen & Farmington Hills.

Wang, Hong-Zen, 2007, Hidden Spaces of Resistance of the Subordinated: Case Studies from Vietnamese Female Migrant Partners in Taiwan. *International Migration Review*, 41 (3): 706-724.

Wang, Hong-Zen and Hsin-Huang Michael Hsiao (Eds.), 2009, *Cross-Border Marriages with Asian Characteristics*. Taipei: Center for Asia-Pacific Area Studies, Academia Sinica.

Williams, Lucy, 2010, *Global Marriage: Cross-border Marriage Migration in Global Context*. Hampshire: Palgrave Macmillan.

Winker, Gabriele and Nina Degele, 2011, Intersectionality as multi-level analysis: Dealing with social inequality. *European Journal of Women's Studies*, 18 (1): 51-66.

Wolf, Eric, 1982, *Europe and the People Without History*. University of California Press.

Yeung, Wei-Jun Jean and Zheng Mu, 2020, Introduction. Migration and marriage in Asian contexts. *Journal of Ethnic and Migration Studies*, 46 (14): 2863-2879. https://doi.org/10.1080/1369183X.2019.1585005.

Yuval-Davis, Nira, 1997, *Gender and Nation*. London, Thousand Oaks and New Delhi: Sage.

Yuval-Davis, Nira, 2006, Intersectionality and Feminist Politics. *European Journal of Women's Studies*, 13 (3): 193-209.

Yuval-Davis, Nira, 2011, *The Politics of Belonging: Intersectional Considerations*. London: Sage.

網路資料

中華民國內政部移民署全球資訊網，2021，〈新住民打造多元文化社會〉，https://www.immigration.gov.tw/5385/7344/70395/143257/。點閱日期：2023年6月6日。

中華民國內政部移民署全球資訊網統計資料。網址：https://www.immigration.gov.tw/5382/5385/7344/7350/8887/?alias=settledown。點閱日期：2023年6月29日。

中華民國內政部行政公告。網址：https://www.moi.gov.tw/News_Content.aspx?n=9&sms=9009&s=275835。點閱日期：2023年6月29日。

中華民國內政部移民署全球資訊網。網址：https://www.immigration.gov.tw/5385/7344/70395/143257/。點閱日期：2022年11月9日。

郭瓊俐，2022，〈台灣族群一家親1〉過客變台客！新住民及子女破百萬人成國內第4大族群〉。《財訊》651期，2022年1月31日。網址：https://www.wealth.com.tw/articles/9f4dae5a-aa5d-466e-a4dc-754bba352498。點閱日期：2022年10月31日。

Biro Hubungan Masyarakat Data, dan Informasi, 2018, Pusat Data Kementerian Agama Ri. Retrieved October 10, 2023, from Kementerian Dalam Negeri, Website: https://web.archive.org/web/20200903221250/https://data.kemenag.go.id/agamadashboard/statistik/umat.

國家圖書館出版品預行編目（CIP）資料

身為 Amoy：在臺印尼客家婚姻移民女性之生命敘事 / 蔡芬
　芳著 . -- 初版 . -- 桃園市：國立中央大學出版中心；臺北
　市：遠流出版事業股份有限公司 , 2024.02
　　面：　公分
　　ISBN 978-986-5659-48-6（平裝）

　　1. CST: 異國婚姻　2. CST: 客家　3. CST: 民族研究　4. CST:
女性

544.38　　　　　　　　　　　　　　　　112021233

身為 *Amoy*
在臺印尼客家婚姻移民女性之生命敘事

著者：蔡芬芳
執行編輯：王怡靜

出版單位：國立中央大學出版中心
　　　　　桃園市中壢區中大路 300 號

　　　　　遠流出版事業股份有限公司
　　　　　台北市中山北路一段 11 號 13 樓

發行單位 / 展售處：遠流出版事業股份有限公司
地址：台北市中山北路一段 11 號 13 樓
電話：(02) 25710297　傳眞：(02) 25710197
劃撥帳號：0189456-1

著作權顧問：蕭雄淋律師
2024 年 2 月 初版一刷
售價：新台幣 380 元

ISBN 978-986-5659-48-6（平裝）
GPN 1011300067
　　遠流博識網　http://www.ylib.com　E-mail: ylib@ylib.com